慰安婦像を世界中に建てる日本人たち

西早稲田発→国連経由→世界

杉田水脈
Mio Sugita

◆慰安婦像を世界中に建てる日本人たち

西早稲田発→国連経由→世界

はじめに

２０１７年、慰安婦問題の主戦場は「国連」に移ったと考えてよいでしょう。日本や韓国、中国など９カ国・地域の市民団体により、「国連教育科学文化機関」（ユネスコ）の「世界の記憶」（記憶遺産）に２７４４点の「慰安婦に関する資料」が申請され、17年2月末から審査が始まるのです。審査は進展があるたびにユネスコのホームページで報告されますが、その内容自体は非公開のため、私たちは10月に発表される見通しの結果を待つしかありません。

14年8月、朝日新聞が慰安婦に関する「世紀の誤報」を認めたことで、日本国内でいまだに「慰安婦＝性奴隷」と考えているのは、一部の左派勢力だけになりました。しかし、世界では、まだまだこの嘘を信じている人は多いのです。

ユネスコは15年、「南京事件に関する資料」を記憶遺産に登録しましたが、慰安婦資料についてては、いったいどのような判断を下すのでしょうか。資料の中には中国が提出したものも含まれています。万一登録されるようなことになると、韓国が「20万人」と主張している慰安婦の数が、中国の主張する「40万人」に膨れ上がる可能性もあります。慰安婦資料の記憶遺産登録を絶対に許してはならないのです。

私は15年7月にスイス・ジュネーブの国連欧州本部を訪れたのを皮切りに、合計4回にわたって国連に足を運び、「国連女子差別撤廃委員会」などでスピーチを行い、慰安婦の強制性を否定しました。しかし、現地では、慰安婦問題について、まるで日本が「性奴隷国家」であったかのように訴える「反日」日本人の姿を見せつけられることになりました。日本人が日本を貶めるために、国連内部で工作活動をしていたのです。彼らの活動を放置すれば、国際社会における日本の品位と評価は下がり続けることになると痛感しました。

私は本書で、国連や反日施設などに潜入し、目の当たりにしたことをすべて明らかにしたいと思います。

韓国は、相変わらず慰安婦問題で日本を貶めようとしています。

15年末に日韓両政府の間でなされた「日韓合意」に基づき、日本政府は16年8月、元慰安婦を支援するため韓国政府が設立した財団に10億円を拠出しました。しかし、ソウルの日本大使館前にある慰安婦像が撤去されないばかりか、新たな像まで次々と設置されています。16年12月には、釜山の日本総領事館の近くにも像ができました。

像の設置計画を推進しているのは、政府ではなく、韓国の市民団体です。しかし、政府がそれを黙認しているようでは、日韓合意で謳われたように、慰安婦問題を「最終的かつ不可逆的に解決」することは不可能であり、日本から10億円を受け取った韓国政府は、早急に対処しなければならないはずです。

日韓合意は、アメリカの意向が反映されたものだと私は考えています。世界の脅威となった中国と対峙するためにも、日米韓が足並みを揃えなければならないからです。合意を反故にしている韓国に対して、アメリカは今後どのような対応をとるのでしょうか。

17年1月20日、ドナルド・トランプ新大統領が誕生しました。トランプ氏は16年12月、国連安全保障理事会でイスラエルの入植活動を非難する決議が採択されたことに対し、

「国連は大きな潜在力があるのに、現在は人々が集まり、おしゃべりし、楽しい時間を過ごすためのクラブにすぎなくなっている」とツイッターで批判しています。また、政権移行チームの報道担当者は、トランプ氏が国連に改革と変化を求めていくことを明らかにしました。

慰安婦問題において、日本は想像以上に深刻な状況にあります。しかし、韓国が揺らぎ、国連に不信感を抱くアメリカ大統領が誕生した17年は、日本にとって必ずチャンスが訪れるはずです。

慰安婦問題で日本を糾弾し続ける国連の一部委員会には、日韓合意を是としていない人々がおり、日本にさらなる謝罪や補償を求めてきています。加えて反日勢力が世界で暗躍し、アメリカだけでなく、カナダやオーストラリアでも慰安婦像の設置計画が持ち上がっている状況です。

国内で慰安婦問題を語っているだけでは意味がなく、世界で「慰安婦＝性奴隷」の嘘を広める反日勢力と対峙しなければなりません。

私は12年12月、日本維新の会から衆院選に出馬して当選し、約2年間にわたって国会議員を務めました。

私が国会などで積極的に慰安婦問題に取り上げるようになったのは、13年夏のアメリカ視察がきっかけでした。現地では、元国務副長官のリチャード・アーミテージ氏ら、「知日派」といわれる方と面会することができたのですが、その席で、彼らは、「近年、日韓関係が悪化しているのは、慰安婦問題があるからではないのか」と指摘してきたのです。

当時の私は、慰安婦問題は一部の韓国人と左派が騒いでいるだけだと考えていました。しかし、アーミテージ氏らが根拠もなくこの問題に言及したとは思えず、帰国後に調査を始めました。すると、慰安婦問題は解決済みと言える状況ではなく、すでにアメリカなどを巻き込んだ大きな問題に発展していることが分かり、私は政策の軸に据えて活動することにしたのです。

それは、14年12月に落選し、民間人となった現在も変わらず、多くの賛同者の支援をいただきながら、世界を飛び回って慰安婦の真実を訴えています。

私が慰安婦問題にこだわっている理由は、私自身が母親だからです。

私は議員だった頃から、「慰安婦問題は私たちの世代で解決しなければならない」と訴え続けています。15年8月に発表された戦後70年の「安倍談話」の中で、安倍晋三首相も

「子や孫、そしてその先の世代の子どもたちに、謝罪を続ける宿命を背負わせてはなりません」と語っていましたが、私も同じ思いを抱いているのです。

慰安婦問題は、国内の反日勢力によって捏造された問題です。私は大学時代や地方公務員時代に、多くの左派系団体や活動家と対峙してきました。だからこそ、彼らが日本の伝統や文化を壊そうとする存在であることは熟知しているつもりです。しかし、これまでの日本は、彼らが作り上げた嘘の問題につき合い、謝罪や補償を続けてきてしまいました。

私は一人の母親として、自分の娘が社会に出て結婚をして母親になったときに、このような嘘のために謝罪や補償を続けてもらいたくありません。だから私たちの世代で慰安婦問題を解決する、そう心に決め、「なでしこアクション」代表の山本優美子氏らとともに活動しているのです。山本氏は「慰安婦=性奴隷」の嘘に終止符を打つことを目的に活動を続けている「同志」です。

慰安婦問題は、女性こそが取り組むべき問題だと思っています。なぜなら、反日勢力は慰安婦問題を「女性の人権問題」に仕立て上げているからです。彼らが強姦や虐殺などを引っくるめて「戦時中性暴力」として拡散しているのは、その方が国際社会の賛同を得られるという事情があります。

日本軍の慰安所は、強姦などの被害から女性を守るために存在していたものであり、戦時中性暴力とは別物です。ただ、気をつけなければならないのは、男性がそれを指摘すると、国際社会では「女性差別だ」と反論を受けることになります。それを避けるためにも、女性が率先して、慰安婦の真実を訴えていくべきなのです。

ユネスコの審査結果が出るのは17年10月の予定です。私たちに残された時間はあまりありません。本書を読んでいただき、日本人の中で真実を共有することで、世界に対抗できる国へと生まれ変わり、慰安婦問題で貶められた日本の名誉を回復したい。そう願っています。

慰安婦問題の主な経緯

※肩書、団体名などは当時

西暦	月	日	
1973			元毎日新聞記者の千田夏光が『従軍慰安婦 〝声なき女〟8万人の告発』を刊行。女子挺身隊と慰安婦を同一視し、強制連行が横行したかのように記述
1982	9	2	朝日新聞が「若い朝鮮人女性を『狩り出した』」などとする吉田清治の講演記事を掲載
1983	7		吉田が『私の戦争犯罪 朝鮮人強制連行』を刊行
1990	11	16	韓国挺身隊問題対策協議会(挺対協)設立
1991	8	11	朝日新聞の植村隆記者が「元慰安婦」の証言をソウル発で報告。「『女子挺身隊』の名で戦場に連行された」などと報じる
1992	1	11	吉見義明中央大教授が防衛庁防衛研究所図書館で発見した資料を朝日新聞が、朝刊1面で「慰安所軍関与示す資料」と報道
		13	加藤紘一官房長官が慰安婦の募集などに日本軍の関与があったとして謝罪
		16~18	宮澤喜一首相が訪韓。盧泰愚大統領との首脳会談で8回謝罪
	2		戸塚悦朗弁護士が国連人権委員会で慰安婦問題を提起。慰安婦を「性奴隷」と主張
	4	30	産経新聞が現代史家、秦郁彦の韓国・済州島での調査に基づき、吉田の「慰安婦狩り」証言に疑問を提起
1993	7	26~30	日本政府が韓国で元慰安婦16人から聞き取り調査を実施
	8	4	河野洋平官房長官が慰安婦募集の強制性などを認めた「河野談話」を発表

1994	8	31	村山富市首相が「平和友好交流計画」に関する談話で、慰安婦問題に対する「心からの深い反省とおわびの気持ち」を表明
1995	7	19	元慰安婦に対する償い事業などを行う財団法人「女性のためのアジア平和国民基金」（アジア女性基金）設立
1996	4		国連人権委員会が慰安婦を「性奴隷」と呼び、慰安婦の数を20万人などと記述したクマラスワミ報告を採択
2007	3	16	第1次安倍晋三政権が「政府が発見した資料には軍や官憲による強制連行を示す記述はなかった」とする答弁書を閣議決定
	7	30	米下院本会議が慰安婦問題で対日非難決議を可決
2010	10	23	米ニュージャージー州パリセイズパークの市立図書館脇に慰安婦碑が設置される
2011	12	14	挺対協がソウル日本大使館前に慰安婦像設置
2013	7	30	米カリフォルニア州グレンデール市立図書館そばにアメリカで最初の慰安婦像設置
2014	2	20	石原信雄元官房副長官が衆議院予算委員会で元慰安婦への聞き取り調査を「裏付け調査なし」と証言 米グレンデール市の慰安婦像をめぐり、在米日本人らが撤去を求めて市を提訴
	6	20	日本政府が「検討チーム」の河野談話作成過程などの検証結果を公表
	9	11	朝日新聞が福島第1原発事故の「吉田調書」をめぐる記事の誤りを認めて謝罪。あわせて慰安婦問題報道の一部誤りについても謝罪

2015年以降の経緯

※**太字**は国連関連組織

西暦	月	日	
2015	7	27	**国連女子差別撤廃委員会**は準備会合を開催し、日本国内の女性差別問題をテーマに各NGOのメンバーから聞き取りを実施（杉田水脈はスピーチを行い、慰安婦の強制連行を否定）
	7	31	**女子差別撤廃委員会**は準備会合で出た意見をもとに「質問書」を作成し、日本政府に送付。慰安婦問題に関しては〈「慰安婦の強制連行を証明するものはなかった」との報告を受けた。これについて見解を述べよ〉と記述
	9〜10		**国連人権理事会**が開催され加盟国の人権などに関する定期審査を実施（9月30日の対スリランカ会合に出席した杉田は、クマラスワミ報告の撤回を要求）
	11		**女子差別撤廃委員会**から届いた「質問書」に対して、日本政府は回答となる「報告書」を作成。慰安婦の強制連行や、クマラスワミ報告を明確に否定する内容の「報告書」を完成させるも、国連には提出せず
	12	28	日韓の間で日韓合意がなされ、慰安婦問題について「最終的かつ不可逆的に解決されることを確認」、日本が元慰安婦に約10億円を拠出することや、国連などで互いに非難・批判することは控えると約束
2016	1		日本政府が、慰安婦問題に関する記述を大幅に削除した「報告書」を**女子差別撤廃委員会**に提出していたことが明らかに
	2	4	内閣府が東京で会合を開催。日本政府が**女子差別撤廃委員会**に提出した「報告書」の内容を開示。保守系の参加者は、強制連行や性奴隷を否定するよう主張
		15	**女子差別撤廃委員会**が事前会合を開催。翌日の「対日審査」で日本政府に何を質問

			すべきか、日本のNGOのメンバーから聞き取りを実施（杉田は「慰安婦の強制連行は確認できなかった」とする日本政府は、クマラスワミ報告をどう評価するのか、政府に質問するよう委員に要求）
		16	**女子差別撤廃委員会**は対日審査を開催。日本政府代表団は委員の慰安婦問題に関する質問に対して、慰安婦の強制連行などを口頭で否定
	3		**女子差別撤廃委員会**が、皇室の男系継承は女性差別であるとして、「最終見解」で皇室典範の改正の要求を盛り込もうとしていたことが判明。日本政府の抗議により削除
		7	**女子差別撤廃委員会**は日本政府に「最終見解」を送付。元慰安婦への金銭賠償や公式謝罪を含む「完全かつ効果的な賠償」を行うよう勧告
		16	**国連女性の地位に関する委員会**が開催され、加盟国の女性の地位をテーマに会合などを実施。日本政府は「日本女性差別撤廃条約NGOネットワーク」と国連本部でイベントを共催（杉田らは国連周辺施設で「慰安婦は性奴隷ではない」と題したイベントを開催、来場者に対して慰安婦の真実を主張）
	5		中国、韓国、日本など9つの国と地域の民間団体が、慰安婦資料を**国連教育科学文化機関（ユネスコ）**の「世界の記憶」（記憶遺産）に登録申請
	11		カナダ・トロントにある団体「カナダ・イスラエル友好協会」は、記憶遺産に登録申請された慰安婦資料に対して、申請者はホロコーストの意味をねじ曲げている」との意見書を**ユネスコ**に送付
2017	2		**ユネスコ**は、記憶遺産に登録申請された慰安婦資料の審査を開始。結果は10月に発表される予定

▼目次

第2章 ▼ 敵視される在外邦人

第3章 ▼ 国連が慰安婦問題に介入する理由

第4章▼日本政府の「前進」と「後退」

第5章▼危機に直面する世界を見た

第6章▼国内で暗躍する敵を討て

装　丁　伏見さつき
ＤＴＰ　佐藤敦子
写真提供　杉田水脈事務所

第1章 ◀ 本当の敵は日本人

「赤い絵」を掲げる人々

２０１５年10月、フランス・パリに本部があるユネスコの記憶遺産に、中国が申請した「南京事件に関する資料11点」が登録されたことは記憶に新しいと思います。

14年６月に中国がこの資料を申請した際、同時に「慰安婦に関する資料」も申請していました。しかし、ユネスコは慰安婦資料の登録は見送り、その際には、他国の資料も合わせて共同申請するべきだと助言しました。そして16年５月、その助言に従う形で、慰安婦資料は中国だけでなく、韓国や台湾、さらに日本の民間団体などが共同で申請しました。そのため、次回（17年10月）は登録が認められる可能性が高いのです。

申請から遡ること２カ月前の16年８月、私は米ニューヨークで開催された講演会「このままでいいのか、日本！」に出席しました。

この講演会を主催したのは、ニュージャージー州など、ニューヨーク近郊に住む日本人女性が立ち上げた民間団体「ひまわりＪＡＰＡＮ」です。正しい日本の歴史を伝えていくことで、在米日本人に「日本人としての誇り」を持ってもらうことを目的に現地で活動しています。

講演会には約100人の日本人が参加しました。詳細は後述しますが、韓国系団体などの活動により、アメリカ国内では慰安婦像や記念碑の設置が相次いでおり、危機感を抱いている日本人が多くいるのです。

講演会当日は、明星大学教授で教育学者の高橋史朗氏、弁護士の徳永信一氏、現地で「ニューヨーク歴史問題研究会」を主宰している高崎康裕氏、そして私の4人がスピーチを行いました。

講演の中で最も衝撃的だったのは、高橋氏の「ユネスコ記憶遺産『慰安婦』共同登録申請の問題点と課題」というお話でした。

ジャーナリストの櫻井よしこ氏が『週刊新潮』2016年7月21日号に寄稿されたコラムによれば、〈中国と共に申請したのは、韓国、台湾、フィリピン、インドネシア、オランダ、東ティモールと日本の8か国・地域の民間団体。最終段階でイギリスの博物館も参加して9か国となった。なぜ、イギリスも参加したのか、その経緯は不明〉だそうです。

記憶遺産をめぐるこれまでの流れから、登録に向けた活動の主導権を握っているのは中国だと考えられていたのですが、講演会で高橋氏は以下の「新事実」を明かしました。

「主導権を握っているのは中国ではありません。もともと、この申請を陰で主導していた韓国政府も、15年末の日韓合意後は手を引いています。では、いったいどこが主導しているのか、それは日本なのです」

この活動を主導しているのは、日本の特定非営利活動法人（ＮＰＯ法人）「女たちの戦争と平和人権基金」です。同団体は、元朝日新聞記者、故松井やより氏の遺志を受け継ぐ形で、02年12月に設立されました。

松井氏は、文筆家の吉田清治氏が『私の戦争犯罪：朝鮮人強制連行』（１９８３年・三一書房）を発表すると、すぐに飛びついた人物です。翌84年11月２日付の朝日新聞では、〈八万人とも十万人ともいわれる従軍慰安婦の多くは、生きて帰れなかった〉と書くなど、慰安婦問題を積極的に取り上げました。

94年に朝日新聞を退職した後も活動を続け、２０００年には、旧日本軍の慰安婦制度の責任追及を目的に東京で行われた、法廷を模した抗議活動「女性国際戦犯法廷」において、国際実行委員会共同代表を務めました。

正式名称を「日本軍性奴隷制を裁く２０００年女性国際戦犯法廷」というこの活動では、慰安婦制度を「日本の戦争戦略の一環で、政府の政策で導入した」「女性たちは自由を奪われ、意思に反した行動を強いられた」と指摘した上で、「強制労働条約や国際法上の義務に違反した日本国家は有罪」と判決を下し、昭和天皇に対しても「軍の犯罪行為を知っていたか知るべき立場にあり、性暴力をやめさせる手段を講じるべきだったのに怠った」と批判したのです。

当然、この活動は単なるプロパガンダに過ぎなかったものの、韓国政府は、女性国際戦犯法廷を「慰安婦問題の賠償を求める根拠」の一つにしています。

松井氏は02年に亡くなって以降、慰安婦問題の象徴的人物として左派から祭り上げられています。彼女の遺志を受け継いだ「女たちの戦争と平和人権基金」は、03年6月にNPO法人の認証を取得し、05年には東京都・西早稲田に戦時性暴力や慰安婦問題を伝える資料館「アクティブ・ミュージアム　女たちの戦争と平和資料館（wam／Women's Active Museum on War and Peace)」をオープンさせました。

wamのホームページを見ると、以下の「5つの理念」が書かれており、その特徴がよく分かります。

〈1．ジェンダー正義の視点にたち、戦時性暴力に焦点をあてる。

2．被害だけでなく加害責任を明確にする。

3．過去・現在の資料の保存・公開だけでなく、未来へ向けての活動の拠点にする。
4．国家権力とは無縁の民衆運動として建設・運営する。
5．海外へも情報を発信し、国境を越えた連帯活動を推進する〉

講演会で高橋氏は、ユネスコに提出された慰安婦の資料を提示しました。そのほとんどは、アメリカで次々に建てられている慰安婦像の写真やイラストに過ぎず、資料としての価値があるとは思えない物ばかりです。

資料の中には、ひときわ目を引く「赤い絵」がありました。「責任者を処罰せよ――平和のために」と題されたこの絵は、昭和天皇とみられる男性が目隠しをされた状態で木に縛り付けられ、処刑されるかのように銃口が向けられている場面が描かれています。作者は自称・元慰安婦の姜徳景《カンドクキョン》氏で、1997年に亡くなるまでの間、慰安婦や旧日本軍の蛮行をテーマに絵を描き続けました。

「赤い絵」は日本人としては不愉快極まりない絵です。しかし、このような絵も「慰安婦問題の歴史的証拠」として、ユネスコに提出されているのです。

ちなみに「赤い絵」は前述の「女性国際戦犯法廷」の象徴になっています。そのため、この絵がユネスコの記憶遺産に登録されてしまうと、世界に「慰安婦=性奴隷」の嘘がさらに拡散されるどころか、「昭和天皇＝有罪」というとんでもないことが、さも正当であるかのようにまかり通ることになる危険性も生まれます。

講演会で高橋氏は以下のように断言していました。

「今回の世界記憶遺産の共同申請は、女性国際戦犯法廷の再現です」

私は「赤い絵」に強い憤りを感じました。天皇陛下に対する侮辱が許されてよいはずがありません。なぜ、日本のメディアはこれを問題として取り上げないのでしょうか。

日本人による暴挙は日本人が止めなければなりません。この問題をきっかけに「こんな不敬は許されない」という世論が広まり、反日勢力の常軌を逸した活動を止める必要があります。

元慰安婦の姜徳景作「責任者を処罰せよ――平和のために」（韓国・ナヌムの家「慰安婦」歴史館所蔵）

しかし、日本政府や外務省はあまり当てになりません。

「南京事件に関する資料」が記憶遺産に登録されたことを受けて、日本政府は、中立・公平であるべき国際機関として問題だと抗議した上で、拠出金の支払いをいったん保留しましたが、結局は２０１6年末に約38億５０００万円ものお金を支払ってしまいました。

ユネスコ事務局長はブルガリア人のイリナ・ボコバ氏が務めています。ボコバ氏については、09年9月24日付の朝日新聞で、以下のように紹介された人物です。

〈共産主義エリートとして積んだキャリアから、欧州統合の闘士へ〉〈ブルガリア共産党機関紙ラボトニチェスコ・デロの編集長を父に持ち、モスクワに留学して国際関係大学で修士号を得た〉〈96年の大統領選では社会党（旧共産党）側の副大統領候補に〉

15年８月に北京で行われた「抗日戦争勝利記念式典」に、当時の国連事務総長・潘基文《パンギムン》氏とともに参加するなど、中国との蜜月ぶりも見せています。

もし、アメリカに次いで日本も支払いを保留し続ければ、中国が最も多くの予算を負担することになります。そうすると、ボコバ氏がトップにいるユネスコは、ますます中国に傾くことになるかもしれず、日本政府はそれを恐れたのではないか、私はそう考えています。

ユネスコに提出された「登録申請書」には、慰安婦制度が「ホロコースト（ユダヤ人大虐殺）やカンボジアの（旧ポル・ポト政権による）大虐殺に匹敵する戦時中の惨劇」であると書かれています。

これに対して、16年11月、カナダ・トロントにある団体「カナダ・イスラエル友好協会」は「申請者はホロコーストの意味をねじ曲げている」と批判する意見書をユネスコに送付しました。

11月24日には、産経新聞が以下の通り報道しています。

〈友好協会幹部のユダヤ人、イラナ・シュナイダーさんら3人が署名した意見書は「ホロコーストに匹敵するものはなかった」とする元駐日イスラエル大使のエリ・コーヘン氏の指摘を引用して反論。その上で、「中国によるチベット侵略の方がホロコーストの概念により近い」とし「もっとひどいのは文化大革命だ」と強調した〉

「なでしこアクション」の山本優美子氏は、ご自身のホームページで意見書の翻訳文を公開し、以下のように評価しています。

〈(意見書では)600万人のユダヤ人の男性、女性、子供が虐殺されたホロコーストと慰安婦を比較することは不適切かつ不快であること、などが指摘されています。日本の外務省がこれくらい反論してくれたらスッキリするのに、と思うような優れた内容です〉

日本人よりも、イスラエル人の方が真実を述べているということです。

意見書を受け取ったユネスコは、どのような判断を下すのか、注視していきたいと思います。

西早稲田2－3－18

「女性国際戦犯法廷」の象徴である「赤い絵」のレプリカが、「アクティブ・ミュージアム　女たちの戦争と平和資料館」（ｗａｍ）に飾られているという話を耳にしました。ｗａｍの住所は「東京都新宿区西早稲田2―3―18」です。インターネットで検索すると、この住所には、さまざまな団体があることが分かります。確認できただけでも、次のような団体がこの住所を使用しています。

「在日大韓基督教会」
「日本キリスト教協議会」
「日本バプテスト同盟」
「アジアキリスト教教育基金」
「キリスト教学校教育同盟」

「西早稲田2—3—18」を使用している団体一覧

アクティブ・ミュージアム
女たちの戦争と平和資料館（wam）
アジアキリスト教教育基金（ACEF）
アバコクリエイティブスタジオ
外国人住民基本法の制定を求める
全国キリスト教連絡協議会
キリスト教学校教育同盟
キリスト教視聴覚センター
キリスト者女性のネットワーク
国際協力NGOセンター（JANIC）
在日外国人の人権委員会
在日韓国人問題研究所（RAIK）
在日大韓基督教会
在日本インターボード宣教師社団

スペースプロダクツ
らく賃BOX受付センター
戦時性暴力問題連絡協議会
東京コンサーツ
日本キリスト教海外医療協力会（JOCS）
日本キリスト教協議会（NCC）
日本基督教団
日本基督教団出版局
日本基督教団全国教会婦人会連合
日本キリスト教奉仕団
日本クリスチャン・アカデミー
日本バプテスト同盟
日本盲人キリスト教伝道協議会

キリスト教関連の団体が多いということが分かりますが、「日本基督教団」という団体は、２０１６年夏以降に激化している沖縄県・高江の北部訓練場のヘリパッド移設反対運動にも加担しているようです。同教団のホームページの「教団新報」（16年9月10日）では、以下のように書かれています。

〈7月10日の参議院選挙の翌日から高江（米軍新へリパット建設）で工事再開との報告が入り、運営委員から「翌朝から高江に行き、一日高江で座り込みに参加する事」の動議が出され、採決をもって「12日高江座り込み」が決定〉

また、慰安婦問題を扱っているとみられる「戦時性暴力問題連絡協議会」という団体もヒットしました。もちろん、同所にある団体のすべてが反日的というわけではありません。中には実在しない団体や、すでに解散した団体もあるはずです。

この西早稲田の施設はどのような所なのでしょうか。そして、施設内にあるｗａｍには本当に「赤い絵」のレプリカが飾られているのでしょうか。

私はこの目で確かめたいと思いましたが、周りの人に話をすると「必ず入館を拒否される」「顔を認識されているので入口で止められる」と言われました。

慰安婦問題に関して国内外で取材を続けるジャーナリストの大高未貴氏も、以前、ｗａ

mを訪れたのですが、中に入れてもらえなかったという話を聞きました。

そこで私は、いつものスーツ姿ではなく、カジュアルな服装を着て眼鏡をかけ、髪の毛を結わき、一目見た限りでは「杉田水脈」だと分からないように変装しました。また、1人で行くと怪しまれそうだったので、関東在住の知り合いに同行してもらいました。

「西早稲田2-3-18」のAVACOビル。wamは向かって右側のビルの2階にある

ＪＲ高田馬場駅からタクシーに乗り、運転手に行き先の住所を告げると「ＡＶＡＣＯですか？」と聞かれました。その住所に立っている建物はＡＶＡＣＯビルという名称なのだそうです。

現地に着くと、二つのビルが並んでいました。どちらのビルも、案内板にはキリスト教関連の団体名が書いてあるだけでよく分かりません。そこで、片方のビルの受付にいた管理人に「女たちの戦争と平和資料館に行きたいのですが」と訊ねました。

管理人は、「資料館は隣のビルの２階です。そこの通路を行くといいですよ」と親切に教えてくれ、私は階段で2階に上がりました。

2階には、壁一面に元慰安婦のお婆さんたちの顔写真が貼られた異様な雰囲気の通路があり、その奥にｗａｍの入口がありました。

まずは受付で入館料５００円を払い、ゲストブックに名前と職業の記入を求められたため、名前は偽名で、職業は「主婦」と書きました。受付の奥は事務所のようになっていて、４人ほどのスタッフが談笑していました。

私たちは静かに展示物を見て回りました。館内は三つのコーナーに分けてパネルが展示されています。アジアのどこに慰安婦がいたのか、地図で記され、当時の慰安婦たちの生活についても解説されていました。

展示パネルは随時更新しているようで、日韓合意に関するパネルの展示や、ユネスコの記憶遺産に慰安婦資料を共同申請した、日本とイギリスを除く7の国と地域（中国、韓国、台湾、フィリピン、インドネシア、オランダ、東ティモール）の紹介コーナーがありました。

また、入口右側の壁には、前述の女性国際戦犯法廷に関する写真や資料も展示されており、問題の「赤い絵」のレプリカもありました。絵は想像していたよりも小さなサイズでした。

私が驚いたのは、女性国際戦犯法廷で有罪とされた方々の写真が飾ってあったことです。その中央には、昭和天皇の御真影まで掲げられていました。

館内には、元慰安婦の証言が収められた分厚いファイルや、韓国の絵本、そして左派系雑誌『週刊金曜日』（金曜日）の編集委員を務める漫画家、石坂啓氏の『突撃一番』（『正しい戦争：反戦漫画傑作集』収録・1991年・集英社）のコピーもあり、手に取って読むことができました。

戦時中、旧日本軍の慰安所で働いていた慰安婦の大半は日本人でした。しかし、wamでは、朝鮮、韓国、中国の慰安婦の資料や写真ばかりが展示されていました。西早稲田という日本国内に設置された資料館なのに、朝鮮人、韓国人、中国人の証言をもとに、日本を糾弾しているのです。このような資料館が果たして日本国内に必要なのか、私はとても疑問に感じました。

30分ほど見学した後、受付で書籍『日本軍「慰安婦」問題すべての疑問に答えます。』（2013年・合同出版）と、以下のwam出版・発行の資料を購入しました。

『女性国際戦犯法廷から10年〜女たちの声が世界を変える』

『松井やより　全仕事』
『ある日、日本軍がやってきた――中国・戦場での強かんと慰安所――』
『軍隊は女性を守らない――沖縄の日本軍慰安所と米軍の性暴力』
などの資料も社会科の教科書のようで、製作にお金がかかっていることが分かります。また、これらの資料を読むと、「日本発で中国人慰安婦の存在も世界に広める」「沖縄の基地反対派と手を結んで、慰安婦問題と米軍の性犯罪を一緒くたにして世界発信する」という、近年の反日左翼の傾向が見えてきます。

最後に「娘が学校の宿題で調べ物をしているので、女性国際戦犯法廷のパネルだけ写真を撮らせてください」とスタッフにお願いしてみましたが、残念ながら断られました。公にされると何か困ることでもあるのでしょうか。

これがｗａｍの実態です。ｗａｍがある2階以外のフロアは、普通のオフィスのようになっており、関係者以外には開放されていませんでした。

スタッフの人件費、ビルの賃料、豪華なパネルや資料の製作など、ｗａｍの運営にはかなりのお金がかかっているはずです。２０１７年中には隣のビルに移り、展示スペースを拡大し、立派な資料館として生まれ変わるという話もあるそうです。ｗａｍのパンフレットには、寄付の振込用紙が挟んでありましたが、寄付だけで成り立っているとはとても思えません。どうやって運営しているのか、何とも不思議に感じました。

西早稲田発国連行

日本人は「国連」という言葉に非常に敏感です。

「国連○○委員会が日本に○○を勧告した」「国連○○委員会の調査で、日本の評価は国際的に低いことが分かった」というような報道があると、日本は世界から遅れているのではないか、批判されているのではないか、と不安になってしまう人もいます。

しかし、そのような「国連の幻想」は捨てるべきです。私は何度も国連を訪れ、実際に委員会に出席したことで、「国連の正体」が少しずつ見えてきました。

衆議院議員だった２０１３年から、私は慰安婦問題の解決を目指して、本格的な活動を始めました。この問題について、以前から私たち保守系が主張しているのは、慰安婦問題で日本を糾弾してきた韓国、そして国内の反日勢力の「20万人の女性を強制連行して性奴隷にした」という主張には、三つの嘘があるということです。

私は慰安婦の存在を否定したことはありません。また、慰安所で性病の蔓延や、慰安婦の身に危険が及ぶことを防ぐために「軍の関与」があったことも否定しません。しかし、「20万人」が戦中の勤労奉仕団体である「女子挺身隊」と混同した数だということ、日本軍による強制連行が行われた証拠がないこと、慰安婦たちが高額な給料を貰っていたことが明らかになったにもかかわらず、いまだに嘘がまかり通っているから問題視しているのです。

まず、はっきりさせておかなければならないことは、国連でそのような嘘を広めたのは、韓国人でも中国人でもないということです。日本人が広めました。

国連では、非政府組織（NGO）の意見が尊重されます。人権派の弁護士が率いる「日本弁護士連合会」（日弁連）、部落解放同盟系の「反差別国際運動」（IMADR）、共産党系の「新日本婦人の会」など、いわゆる左派系NGOのメンバーは、国連で人権関連の委員会が開かれるたびに出席し、意見レポートを提出する他、委員会で発言したり、直接委員に陳述するなどのロビー活動を続けてきました。ときには、委員を海外から日本に招くこともあります。

これまで日本に勧告を出したり、評価を下してきた各委員会の委員たちは、日本の状況をよく知りません。だからといって、自ら調査や研究をすることもありません。すると必然的に、国連まで足を運んだ日本の左派系団体の情報や意見に取り込まれてしまいます。

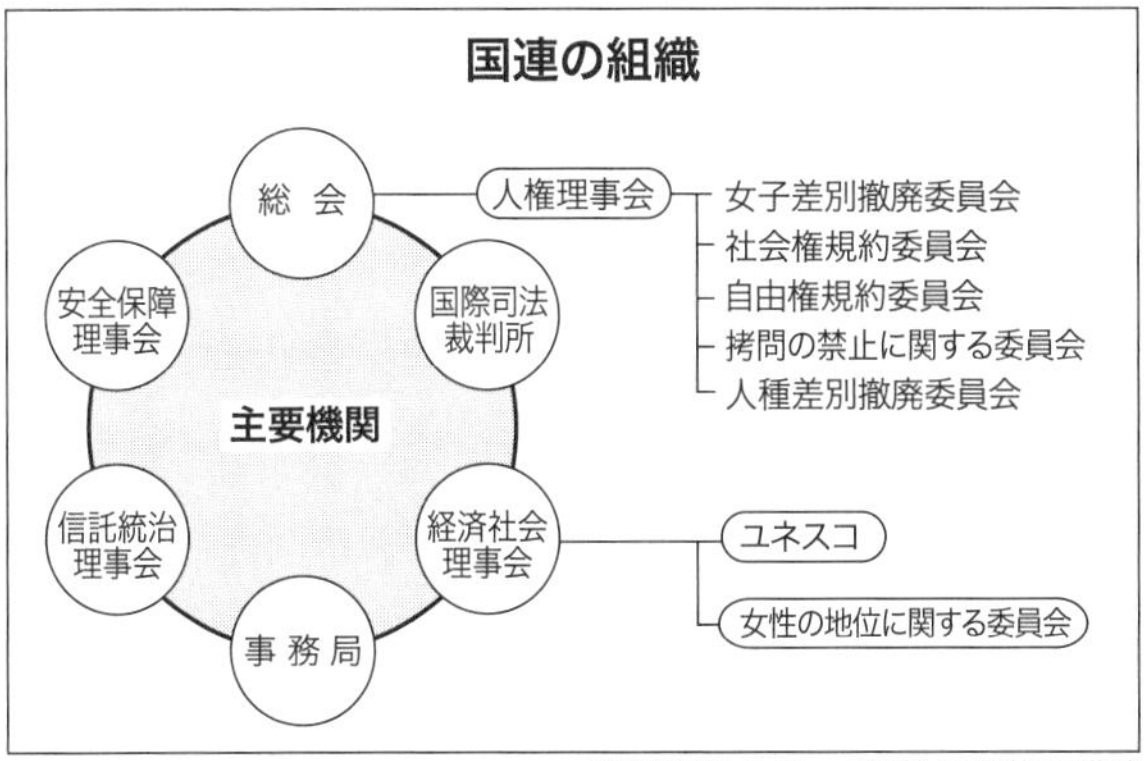

「国連広報センター」の資料より抜粋して作成

そうした一方的な見方をもとに、反対意見を聞く機会もなく、「最終見解」（勧告）という形で、日本政府にさまざまな要求を突きつけてきました。

つまり、前述の「西早稲田」辺りから発信された偏った主張が、海を越え、さらには国連というフィルターを通して、権威づけされて日本に戻ってくるというのが実態なのです。

私は16年3月、米ニューヨークの国連本部を訪問し、「国連女性の地位に関する委員会」のパラレルイベントに参加しました（詳細は後述）。

国連は「総会」「安全保障理事会」「事務局」など六つの「主要機関」によって構成されていますが、女性の地位に関する委員会は、麻薬委員会や人口開発委員会などが属する「経済社会理事会」の下部に位置づけられ、毎年3月にニューヨークの国連本部で開かれます。

第2次世界大戦直後の1946年に設立された当初は、世界中の国々の女性の地位はまだ低く、特に途上国の女性たちの人権を守るために、国連のこのような委員会は有効だったのだと思います。しかし、現在の国連は、過度なフェミニズムやジェンダーフリー（性別に囚われない生き方をするという考え方）を推し進める組織に変わりつつあります。そして困ったことに、女性の地位に関する委員会では慰安婦問題が「性暴力」の問題の一つとして取り上げられています。2015年の全体会議では、韓国代表が「第二次世界大戦中の性奴隷である慰安婦の問題は、まだ解決されていない」と演説したのです。

国連には「国連女子差別撤廃委員会」という委員会もあります。この委員会は、「総会」に属する「人権理事会」の下部に位置づけられており、完全な男女平等の達成を目的として、不定期にスイス・ジュネーブにある国連欧州本部で開かれています。

女子差別撤廃委員会も、慰安婦問題の主戦場になっています。16年に開かれた委員会では、日本の皇室の男系継承は女性差別であるとして、日本政府に対する「最終見解」の中で、皇室典範を改正すべきだと指摘しようとしていたことも明らかになりました。

この女子差別撤廃委員会の委員長は日本人弁護士の林陽子氏です。林氏は、先の女性国際戦犯法廷を主導した故松井やより氏からアジアの女性運動について多くを学んだと自ら述べており、「女性の権利」などについて日本に対して厳しい立場をとり続けてきた人で、16年には女子差別撤廃委員会の委員長の即時解任を求める署名運動が起こりました。女子差別撤廃委員会については第3章で詳しく触れます。

日本政府と左派系NGOが〝共闘〟

私たちがパラレルイベントに参加した女性の地位に関する委員会ですが、委員会そのものに参加できるのは「協議資格」を持つNGOに限られています。協議資格の取得に当たっては、19の国連加盟国によって構成される経済社会理事会のNGO委員会によって審査されます。申請書類の提出のチャンスは年に1度で、締め切りは毎年6月1日です。

申請できるのは、設立（該当する政府当局にNGO／非営利団体として正式に登録された時点）から2年以上を経過していることが前提で、経済社会理事会との関連性があるかどうか、最高責任者が存在しているかどうかなどを条件に審査されます。また、寄付金や支援金、直接・間接費用を含めた財務諸表も委員会に提供しなければなりません。

以上のような条件はあるものの、それさえ満たせば、保守系ＮＧＯでも取得できます。

しかし現在、日本の団体で協議資格を取得しているのは、「日弁連」や「反差別国際運動」など、ほとんどが左派系ＮＧＯです。対する保守系ＮＧＯで、この資格を持っている団体はありません。

ただ、この資格を持つ、持たないにかかわらず、女性の地位に関する委員会の開催中、ニューヨークの国連本部の周辺施設で、「女性の地位」をテーマに講演会などを開催することは可能で、２週間の委員会開催期間に合わせて、世界中から約４５０もの団体が集まってきます。これをパラレルイベントと呼び、私も出席することになりました。

２０１６年3月のニューヨーク行きには、これ以外に、もう一つ目的がありました。イベントに先立つ2月4日、内閣府の主催で「第４次男女共同参画基本計画及び第7・8回報告審査に関する女子差別撤廃委員会からの質問事項に対する回答等について聞く会」が東京で開かれました。

この会合は、後述する16年2月16日の女子差別撤廃委員会・対日審査を控え、日本政府が作成した「報告書」（国連の質問に対する回答）の内容を開示し、各ＮＧＯのメンバーから意見を募るためのものです。誰でも参加できる会合なのですが、大々的に告知されることはありません。そのため、これまでは特定の左派系ＮＧＯのメンバーばかりが参加していました。

しかし、このときは、会合が開催されることを知った山本優美子氏らが、インターネットで参加を呼びかけたのです。

私は行くことができませんでしたが、参加した人に当日の様子を聞くと、保守系は数こそ左派に圧倒されていたものの、強制連行や性奴隷を否定することの必要性を訴えるなど対抗し、賛同の声を上げる人もいたそうです。

ただ、会合では驚きの発表がありました。ある左派系団体が、女性の地位に関する委員会において、「日本政府と日本女性差別撤廃条約ＮＧＯネットワークとで公式イベントを共同開催する。主に女性の経済格差を取り上げるが、慰安婦問題についても言及する」と宣言したのです。

日本政府と左派系ＮＧＯが「共催」するのだから、両者は蜜月状態にあると言ってもよいでしょう。私はその共催イベントがどのようなものなのか、調査しなければならないと思いました。そこで渡米後、パラレルイベントで同席する近現代史研究家の細谷清氏に

「どうしたら政府と左派系NGOの共催イベントに参加できますか？」と尋ねました。細谷氏は海外生活が長かったこともあり、日本を糾弾する国連の危険性をいち早く察知していた方で、帰国した現在は、日本国内で慰安婦問題をテーマに活動しています。

細谷氏からは、とても残念な答えが返ってきました。

「協議資格を取得したNGOしか入ることができません。私も取材をしたくて、例えば国連の見学ツアーに参加して紛れ込むのはどうだろうかとか、いろいろな方法を考えてみました。しかし、参加するのは絶対に無理です」

結局、目的は果たせませんでしたが、日本政府が共催しているにもかかわらず、「密室」で行われたイベントに過ぎなかったということは分かりました。

恥を知れ

パラレルイベントは、元ハーバード大学准教授の目良浩一氏が代表を務める「歴史の真実を求める世界連合会」（GAHT）の主催で、国連本部の向かいにあるビル「ユナイテッド・ネイションズ・プラザ」の会議室を借り、2016年3月16日に行われました。

パラレルイベントとはいえ、日本の保守系団体として女性の地位に関する委員会に初めて参加することができたのです。ちなみに目良氏は、13年7月に米カリフォルニア州グレンデール市に設置された慰安婦像を撤去するため、現地で訴訟を起こすなど、積極的な活動をしている方です。

目良浩一氏（中）や細谷清氏（左）らと参加したパラレルイベントには、反日勢力が押しかけ会場は混乱した

「Comfort Women Not Sex-Slaves」（慰安婦は性奴隷ではない）と題したイベントは、国連の各委員会の考えを180度覆すものだったため、当日はどのくらいの人が集まってくれるのか、私は少し心配をしていました。

ニューヨークに到着した私は、まずは会場の下見を行いました。施設内の電子案内板を見ると、「Women's Human Rights」（女性の人権）や「Feminism」（フェミニズム）といった文字が並んでいたのが印象的でした。

施設の中では弁護士の伊藤和子氏を目撃しまし

た。伊藤氏は、人権派の弁護士として、男女同権などを訴えてきた人物です。

伊藤氏は、国際人権NGO「ヒューマンライツ・ナウ」の事務局長も務めており、同団体も協議資格を取得しています。そのため、伊藤氏は女性の地位に関する委員会に出席できたのでしょう。

やはり伊藤氏のような日本人が国連に集まり、ロビー活動を繰り広げていたのです。そうした雰囲気を肌で感じ取り、私は不安になりました。そしてイベント当日、その不安は見事に的中しました。

まずは、イベントが始まる前にトラブルが発生しました。会場となる会議室がダブルブッキングされていたのです。ホームページで公開されている日程表には私たちのイベント名が載っていましたが、施設内で配布されたハンドブックには別のイベント名が記載されていました。そこで私たちが強く抗議をすると、逆に国連の係員からは「警察を呼ぶぞ」と脅されてしまいました。

結局は私たちが正しく、無事にイベントを開催することができましたが、国連のでたらめさを象徴するようなトラブルに遭い、疲労困憊しました。

イベントが始まると、会場は立ち見が出るほどの大盛況でした。白人、黒人、アジア人など、さまざまな人種の来場者が集まり、国連らしくグローバルな雰囲気が漂っていました。しかし、来場者の大半は中韓の団体から派遣された「サクラ」だったのです。私たちのイベントと同じ時間に韓国系団体もイベントを行っており、その団体から偵察や妨害を目的に派遣されてきた人々でした。

その証拠に、会場の外には韓国の反日団体「韓国挺身隊問題対策協議会」（挺対協）や、アメリカで慰安婦像の設置運動を先導している中国系の反日団体「世界抗日戦争史実維護連合会」（抗日連合）のメンバーがいました。彼らは、イベント終了後に来場者たちと親しげに話していたのです。

本当は両団体のメンバー自身が私たちのイベントに参加したかったはずです。しかし、韓国系や中国系の人がイベントに押し寄せると、周りからは「2カ国だけが慰安婦問題で日本を糾弾している」と捉えられます。だから彼らは白人や黒人に参加させ「世界中の人が日本を糾弾している」というイメージを植えつけようとしていたのかもしれません。

当然、サクラたちは中韓の考えに洗脳されており、「慰安婦＝性奴隷」の嘘を信じ込んでいます。イベント中はすべてを「女性の人権」に結びつけて反論してきました。前述の目良氏や細谷氏が話をしている間、来場者からは野次が飛び交い続け、両氏が男性であるということで、「男性が威圧している！」という信じられない声まで上がっていました。

会場後方からは「Shame on you!」（恥を知れ！）という言葉も聞こえてきました。これは、アメリカで慰安婦の真実を訴える日本人に対し、たびたび投げかけられる言葉です。

「韓国には実際に辛い体験をした元慰安婦のお婆さんが存在しているのに、彼女たちを否定する歴史修正主義者は恥を知れ！」というわけです。グレンデール市やサンフランシスコ市で、慰安婦像の設置をめぐって開かれた意見公聴会でも、設置に反対する日本人や日系人に対して、この言葉が投げかけられたといいます。私たちが話している間、「恥を知れ、恥を知れ」と呟き続けている人もいました。

あなたは性奴隷です

パラレルイベントで、私はベトナム戦争時の韓国軍の蛮行や、「ライダイハン」（韓国人兵士によるベトナム人女性に対する強姦などで生まれた混血児）の問題について話をしました。第5章で詳しく述べますが、２０１５年10月にベトナムを訪問して調査したときの写真をスクリーンに映しながら、韓国軍によって惨殺された人々の慰霊碑、幼い頃に被害に遭った男性、そして韓国軍が管理運営していた慰安所の説明をしました。すると、よほど聞きたくなかったのか、数名の韓国系の来場者が退場していきました。

目良氏と細谷氏、そして私の話が終わり質疑応答の時間になると、会場はものすごい状態になりました。日本でも、講演会の質疑応答で質問をせず、延々と持論を展開する人がいますが、それよりもひどく、司会者に指名されていないのに勝手に立ち上がって話し始める人がいるなど、まるで学級崩壊のような状態になったのです。司会者が落ち着くように呼びかけても、完全に無視されてしまいました。

そのような中、あるアフリカ系の女性は以下のように叫びました。

「私は釜山の歴史館に行ってきた！　あなたたちは行ったことがあるのか⁉　歴史館に展示されていた証拠や、慰安婦のお婆さんたちの証言が嘘だというのか⁉」

私たちは「慰安婦の証言はころころ変わる。まったく信憑性がない」と答えたのですが、会場ではさらに大きなブーイングが巻き起こりました。

「70歳や80歳のお婆さんの言うことがその都度変わるのは当たり前ではないか！」と言い出す人までいました。しかし、現在70歳や80歳の女性は、戦時中は何歳だったのでしょうか。物心がつく前に慰安婦になっていたとでも言うのでしょうか。

慰安婦問題だけでなく、いわゆる「南京事件」を引き合いに出し、「日本軍は南京で30万人の市民を殺した。日本人は残虐だから慰安婦を強制連行したに決まっている」と主張する人や、「私たちの主張が嘘だと言われた」と、突然泣きじゃくる韓国人女性もいました。中国や韓国には、葬式のときなどに雇われて号泣する「泣き女」という職業があるそうですが、彼女もそうだったのかもしれません。彼女の周りには女性が集まり、泣きやむまで慰めていました。

イベント終了後には印象的なことが二つありました。

一つ目は、来場者に「From misunderstandings to SOLUTION」（誤解から解決に向けて）という、慰安婦の真実を英語で解説した小冊子を配っていたときのことです。1人の白人男性が「これを見ろ！」とチラシを渡してきたのです。チラシを見ると、「Comfort Women = Sex Slaves」（慰安婦＝性奴隷）と書いてありました。その証拠として、写真が3点掲載されていたのですが、それらの写真はすべて「特攻隊を慰問する日本人女性の写真」でした。

欧米人の慰安婦問題に関する知識はこの程度のもので、慰安婦とは一切関係のない写真を「証拠」として、日本を糾弾しているのです。男性はすぐに去っていったため、私は何も反論することはできませんでしたが、仮に反論しても、「慰安婦＝性奴隷」を信じ込んでいる彼は、聞く耳を持ってはくれなかったことでしょう。

二つ目は、会場を片付けていたときのことで、金髪の美しい白人女性が私のそばに来て以下のように言いました。

「今日、あなたはとても素敵な赤のスーツを着ています。赤の服や靴は韓国人慰安婦の象徴です。もしあなたが今日の帰りにレイプされたら、あなたは性奴隷になります。どうしますか？」

私は質問の意味が分からなかったので、「日本は世界で最も女性の人権が守られており、レイプ事件も非常に少ない国です。従って、日本ではそのような心配をする必要はありません」と答えておきました。

以上のように、驚くことばかり、頭にくることばかりのイベントでした。しかし、中韓の慰安婦問題に関する主張は、国際社会にかなり浸透しているということが分かりました。中韓と左派勢力の長年にわたる国際発信の影響です。それを放置、あるいは支援までしてきた日本政府や外務省の責任は大きいといえます。慰安婦問題の解決は、まだまだ長い道のりだと改めて感じました。

女性の地位に関する委員会で保守系団体がパラレルイベントを開催したのは、やっと扉を開けたに過ぎません。委員会に出席して委員に意見するなど、私たちもより直接的な活動をすべきだと痛感しました。

目良氏らは、同委員会開催中の3月24日にもパラレルイベントを行いました。このときも50人から60人ほどの来場者が集まったそうです。私は参加できなかったのですが、後日映像で見ました。

私が参加した3月16日のイベントには、サクラが押し寄せましたが、24日のイベントには、そのような人は来なかったようで、質疑応答の時間も混乱などはありませんでした。

16日と24日の差をどう捉えたらよいのでしょうか。16日のイベントの私たちの話は、来場者にかなりのインパクトを与えたのではないかと考えています。「予期しなかったことを堂々と述べている」という反応だったのかもしれません。だから来場者は必死で言い返してきたのです。質疑応答における混乱は、私たちの話のインパクトの大きさを物語っていたと考えてよいと思います。

一方、24日のイベントの発言者は、アメリカ在住の日本人女性が大半でした。彼女たちは、グレンデール市などに慰安婦像や記念碑が設置されてどのような影響が生じたのか、その点について語りました。しかし、「慰安婦＝性奴隷」を否定するような発言はしなかったため、強いメッセージとして来場者に伝わらなかったのかもしれません。

第2章 ◀

敵視される在外邦人

ジャパン・ハウスなんていらない

２０１６年3月16日のパラレルイベントには、前日から多くの在米日本人が集まってくれました。ニューヨーク在住の人だけでなく、ロサンゼルスやサンフランシスコなど、西海岸からも駆けつけてくれたのです。女性の方が圧倒的に多く、慰安婦問題が自分たちの生活に及ぼす影響について、「母親の立場」で真剣に考えていました。

彼女たちにとって、外務省に対する不信感は拭い難いものがあるようです。日本に住んでいる日本人より海外に住んでいる日本人の方が、外交や安全保障の問題に敏感です。まさに矢面に立たされているからです。

在米日本人は中韓のプロパガンダに頭を悩ませています。日本の地位失墜を目的とした「ディスカウントジャパン運動」が行き着くところはどこなのか、日本を誰が守るのか。居ても立ってもいられなくなって行動している日本人は、海外にたくさんいるのです。

彼らが最初に頼るのは領事館です。しかし、どこの領事もまともに取り合わないどころか、慰安婦像の撤去運動や反対運動を止めるように促す職員までいるそうです。やはり、外務省には任せていられないということです。

500億円の予算が投入され、日本の魅力を発信するために設置される海外拠点事業「ジャパン・ハウス」についても懐疑的な意見を持っているようで、ロサンゼルス在住の女性は以下のように語っていました。

「アメリカにも日本の茶道や華道、日本舞踊といった伝統や文化を発信するグループがたくさんあります。みんな民間で頑張っています。しかし、予算をつけてジャパン・ハウスができたところで、いったい何ができるのでしょうか？　慰安婦像一つ撤去できない政府や外務省に期待していません」

海外在住の日本人は、テレビではなくインターネットから情報を得ており、バイアスがかかったニュース番組などを見ている日本人とは、意識にも違いが生まれます。事実を伝えない日本のメディアの罪深さを改めて痛感しました。

集まってくれた在米日本人の中には、ニュージャージー州に住むNさんという女性がいました。同州はアメリカ東海岸で特に韓国系の勢力が強い地域で、グレンデール市のような慰安婦像はないものの、記念碑が三つも設置されています。

Nさんは、そのような地域で助産師として病院で働く傍ら、「慰安婦＝性奴隷」の嘘を否定する内容のフリーペーパーを発行するなど、現地で情報発信を続けています。そのため、ときには韓国系住民から嫌がらせを受けることもあり、他の日本人からも「子供が嫌な思いをした」という情報が頻繁に寄せられているそうです。

ニュージャージー州に記念碑が建ってから、学校では韓国側の主張に沿った嘘の歴史を教えられ、韓国系の子供から心ない言葉を浴びせられるなど、現地に住む日本人にとって深刻な事案が増えています。Nさんの元に届いたメールには、以下のような声がありました。

「慰安婦像阻止の活動を行っている人に対して、脅迫ととれる内容のメールが届き、活動を中止するように書いてある。また、車に動物の死骸を置かれたりする嫌がらせを受けた人がいる」

「学校で日本人の男の子が韓国系のグループに囲まれ、『謝罪しろ』としつこく絡まれていた」

「小学校で韓国系の生徒に『独島（韓国での竹島の呼称）はどこの島だ？』と質問され、知らないと言っても何度もしつこく聞かれた」

「高校の歴史の時間に『第２次世界大戦は日本が自分の力を誇示するために起こした戦争

だ』『東条英機はヒトラーと同じだ』と映像を使って教えられた」

「クラスメイトから『日本人はテロリストだ』『パールハーバーや南京大虐殺はナチス・ドイツがやったことと同じだ』と言われた」

「日本人への差別以上に、日本人の母親を持つハーフ・ジャパニーズという人たちが韓国人住民にとって憎悪の対象になっている」

一方、ワシントン州シアトル在住で、「脱植民地化を目指す日米フェミニストネットワーク」（FeND）共同呼びかけ人の小山エミ氏は、雑誌『週刊金曜日』14年6月13日号で〈大日本帝国を擁護する動きに反発を強める日系米国人〉という記事を書き、韓国系による日本人に対するいじめについて、否定的な意見を書いています。

〈「慰安婦」碑裁判を報じる日本の保守系メディアは、「慰安婦」碑が設立されて以来グレンデール市において日系人の子どもに対するいじめや日系人に対する攻撃が頻発していることをよく紹介している〉〈しかし現地の日系人たちはみな口をそろえて、そうした話は聞いたことがない、と答えた。グレンデール市警察およびグレンデール市教育委員会に問い合わせても、そのような相談は一件も受けていないと返答があった。さらに、「慰安婦」碑訴訟の訴状すら、日系人の子どもに対するいじめについては一切記載されていない。もちろん、通報や相談がないからといっていじめが一件もおきていない証明にはならないが、少なくとも広範に起きていることではないだろう〉

しかし、現地の日本人の悲痛な声は溢れています。悠長なことを言っている状況ではないのです。

課題図書も反日小説

ニューヨークでNさんに会ったとき、「次はニュージャージー州を訪ねて現地在住の日本人の話を聞きたい」と思っていましたが、2016年6月にそれが叶いました。私が視察のためにニュージャージー州を訪れたときに、「ひまわりJAPAN」の7人のメンバーが集まってくれたのです。そこで私は、日本バッシングの最前線で戦う日本人の「生の声」を聞きました。

もともと日本人の住民が多かったニュージャージー州も、ここ数年で様変わりして、韓国系や中国系の住民が急増しているそうです。ニュージャージー州のレオニアという地域の公立学校では、韓国系の生徒が60％を占め（残りの40％は白人、黒人、その他のアジア系）、普通のＰＴＡの他に韓国系だけのＰＴＡも存在しています。また、韓国系の教師も多く、日本人の生徒が嫌がらせを受けていても、「日本が韓国にひどいことをしたのは本当のことだから」と言って、見て見ぬ振りをする場合もあるそうです。

ニュージャージー州では『When My Name Was Keoko』（わたしの名前がケオ子だったとき）という書籍が夏休みの課題図書に決まったという話もありました。もともとアメリカの中学校で英語の副教材として広く使われている本です。日韓併合当時の朝鮮半島の生活が韓国人の立場で書かれており、内容は「目に余る日本人の悪行」に終始しています。同書を読んだ日本人の一人は「あくまでも小説であり、内容は事実に基づいていない」と言っていました。それでも子供たちは、この本を読んで感想文を書かなければならないのです。ちなみに著者は韓国系アメリカ人のリンダ・スー・パク氏で、朝鮮半島を舞台にした青少年向けの歴史小説家として、アメリカでは多くの愛読者を獲得しているといいます。

ある高校では、米女優、アンジェリーナ・ジョリーが監督した反日色の強い映画『不屈の男　アンブローケン』（14年）や、日本軍による朝鮮人少女の強制連行や虐殺のシーンがある韓国映画『鬼郷』（16年、チョ・ジョンレ監督）などを教材に使い、生徒たちに議論をさせたこともあったそうです。

　ニュージャージー州フォートリー市では、居住する韓国人高校生15人を含む計18人で構成された「ユース・カウンシル・オブ・フォートリー」（ＹＣＦＬ）という団体が主導し、慰安婦の記念碑の設置を進めているという話もあります。

　私が訪れる直前には、同団体のメンバーがフォートリー市長のマーク・ソコリッチ氏と会談し、記念碑設置計画を伝え、市長も計画の支援を約束したという報道がありました。しかし、現地の日本人がソコリッチ氏と会い、直接訊ねたところ、現時点では記念碑を建てる予定はないということが分かりました。ただ、ある韓国系団体から「すでに碑は完成しているから、市庁舎の後ろに設置しろ」と圧力をかけられたことがあったそうです。

　同市は韓国系住民が多いエリアです。今後も彼らの活動は続くでしょう。このような動きの背景には、同州における異常な「反日学校教育」があることは明白です。

「ひまわりＪＡＰＡＮ」のメンバーの話を聞いていて、改めて不甲斐なく思ったのは、本来なら在米日本人を助けなければならないはずの領事館の存在です。領事館前では、15年末の日韓合意以降、毎月第1水曜日に、合意に反対する韓国人らによって抗議デモが行われています。

16年7月、日本では参議院選挙が行われました。選挙の際、在米日本人は領事館で投票するのですが、もし韓国人と鉢合わせたらどうしようかと不安に感じ、領事館に電話をして以下のように訴えたそうです。

「投票に行ったときにデモが行われていたらとても怖い。そもそもあのデモは日韓合意違反ではないのか？　なぜ領事館はやめさせないのか？」

しかし、領事館の職員から明確な回答はなかったのです。もちろん、デモは現在も野放しのままです。

日本名で呼ばないでほしい

アメリカで生活を送る日本人の子供たちが、慰安婦問題などをめぐって不当ないじめを受けているという情報は以前からありました。

国会議員だった2013年12月、私は当時所属していた日本維新の会で同僚だった中丸啓氏、西田譲氏とともに、グレンデール市などを視察しました。2泊3日という強行スケジュールで行ったこの視察は、現地で像の撤去運動をしている日本人・日系人との面会を通して、アメリカの現状を知ることが目的でした。ただ、現職の国会議員のグレンデール市視察は前例がなく、党内では「日本、韓国、アメリカに及ぼす影響を考えて視察は止めた方がよい」という意見も多くありました。

しかし、現場主義を自任している私は、慰安婦問題をめぐりアメリカで何が起こっているのかを知りたかったのです。また、尊敬する中山成彬氏、山田宏氏が背中を押してくれたこともあり、あくまでも「私的な視察」という形で現地を訪問しました。メディアに騒がれるようなことにならないよう細心の注意を払い、グレンデール市長や市議会議員と接触することも避けました。

出発前には、中山氏が現地で慰安婦像撤去の運動に携わっている人を数名、紹介してくれました。そのうちの1人は前述の目良浩一氏で、滞在中の私たちのガイド役も買って出てくれました。

日本を出発する前から、現地の子供たちが、慰安婦問題を理由に悪質ないじめを受けているという情報を得ており、訪問中は被害に遭った子供の保護者と面会する予定を組んでいました。しかし、いじめはとてもデリケートな問題で、結局、保護者との面会はキャンセルになりました。面会することで、事態がいっそうこじれたり、騒ぎが大きくなることを心配したのでしょう。

ただ、それ以前に日本のメディアが保護者に取材をした際に同席したという内藤喬生氏から、いじめの実情について話を聞くことができました。内藤氏は日本語学校の教師で、アメリカ国内に設置された慰安婦像や記念碑に対しても、強い問題意識を持って活動している方です。

内藤氏の話によれば、いじめの被害に遭った子供たちがいるのは紛れもない事実で、韓国人に唾をかけられた子供や、日本人だという理由で殴られた子供がいるという話もあり、非常に憂慮されていました。

被害に遭った子供の中には「家の外では日本名で呼ばないでほしい。日本人だと分かると嫌だ」と親に訴えた子供もいたそうです。いじめは受けた当人が口にしない限りは、なかなか表面化しづらいものです。そのような事情もあって、内藤氏も具体的な事例をつぶさに把握することは難しいようでした。

被害に遭っているのは子供たちだけではありませんでした。大人たちも公の場で日本語を話すのが難しくなっています。あるコリアンレストランで昼食をとっていた日本人グループが、韓国人店主に「出ていけ！」と追い出されたという話もありました。私は日本人であるという理由だけで肩をすぼめて生きなければならない同胞の苦しみを察し、胸の痛む思いがしました。

ただ、在米日本人に対するいじめの問題も証言に過ぎず、前述の小山エミ氏が雑誌『週刊金曜日』で「いじめの話はない」と書いたことと変わりません。元慰安婦の証言が証拠とされている慰安婦問題と構造は一緒なのかもしれません。

しかし、慰安婦問題は70年以上も前の問題です。これに対して、いじめの問題は現在の問題です。日本政府や外務省が本気を出して調査をすれば、裏を取ることは容易であり、人権問題・人種差別問題として、日本は国際社会に強く訴えることができるはずです。いじめの問題が指摘されるようになり、すでに3年以上の時間が経ちましたが、事態は一切好転していません。この問題を放置したままの政府や外務省には怒りすら感じています。

「アメリカ人」にならない韓国系移民

グレンデール市を訪問した際には、2013年7月に同市内の中央公園に設置された慰安婦像を見学しました。

私たちが訪れたとき、園内はスケートボードで遊んでいる若者と、ベンチでくつろいでいる老人がいた程度で、閑散とした雰囲気でした。しかし、像の周りには花がたくさん供えられていたことから、誰かが管理をしているということが窺えました。

私たちは繁華街など、市内を見て回りましたが、韓国人ばかりが目につくということはありませんでした。他のアメリカの街と何も変わらず、慰安婦像が設置されたことが不思議に思えたほどです。

しかし、その次に訪れたガーデングローブ市は、かなり様相が違いました。同市はグレンデール市から車で30分ほどの所にあるのですが、街中にハングル文字の看板が掲げられていたのです。少し大袈裟な言い方かもしれませんが、「韓国人に乗っ取られている」と感じたほどでした。

ガーデングローブ市では、ショッピングモールの一角に記念碑が設置されています。グレンデール市とは違い、街全体があまりにも韓国化していたので、記念碑がつくられるべくしてつくられたという印象を受けました。

アメリカでは慰安婦像・記念碑の設置だけでなく、１９９９年にカリフォルニア州議会上院が「慰安婦非難決議」を可決したのを皮切りに、いくつかの州や市も後に続きました。

このように、なぜアメリカの議員が韓国側の主張に同調するのでしょうか。韓国系団体が議員に資金提供している可能性も否定できません。ただ、議員が韓国側の主張を支持する大きな理由として、前述の目良氏とは別に、現地で慰安婦像の撤去運動をされている方から、以下のような話を聞きました。

「韓国系の移民が増えている」

オーストラリアでも同様の話を聞きましたが、数年前には韓国系住民が60人程度しかいなかった街でも、そこに仕事があると分かると、一気に移民が入ってきます。5年程度で2万人に膨れ上がってしまった街もあるそうです。

米調査団体のピュー・リサーチ・センターのデータによると、10年の時点で日系アメリカ人の数は約80万人だったのに対して、韓国系アメリカ人の数は140万人おり、現在はさらに増加しています。

また、韓国系団体は、住民たちに「選挙人登録」をするように呼びかけているそうです。選挙人登録をして選挙権を持てば、韓国系の影響力が増すことになると同時に、要望を聞く議員も増えることになります。

問題はそれだけではありません。現地には以下のような話もあります。

「日本からの移民はアメリカに来ると、アメリカ人になろうと努力する。しかし、韓国系は中国系と同じように、自分たちのアイデンティティを捨てることはしない。アメリカに来ても、反日的な思想を捨てることはなく、その一部は街に慰安婦像などを建てようとする。その目的のために議員を懐柔している」

訪問中に面会した日本人・日系人は、「日本政府からの支援がない」と口を揃えて主張していました。

現地では在ロサンゼルス総領事の新美潤氏（当時）とも面会しました。新美氏もまた「あくまでも個人の見解」として、「日本から見れば対岸の火事かもしれないが、アメリカに住んでいる日本人や日系人にとっては生活に直結する問題。これは火事なのだから、直ちに消火活動をしなくてはいけない」と話してくれました。それでも、総領事という立場では、日本政府の「慰安婦問題を外交問題にしない」という意向に従わざるを得ず、現地で抗議などはできないのです。

このような現状を打破するには、日本政府が動かなければなりません。しかし、日本政府には、１９９３年に河野洋平官房長官（当時）が発表した「慰安婦関係調査結果発表に関する河野内閣官房長官談話」（河野談話）という足枷があります。

河野談話では、以下のように「慰安婦の強制性」を認めています。

〈慰安婦の募集については、軍の要請を受けた業者が主としてこれに当たったが、その場合も、甘言、強圧による等、本人たちの意思に反して集められた事例が数多くあり、更に、官憲等が直接これに加担したこともあったことが明らかになった〉

この談話は、日本政府を縛りつけているだけでなく、他国が日本を糾弾する際の武器にもなっています。

アメリカ国内のロビー活動で、日本は明らかに韓国の後れをとってきました。２０１４年当時、韓国政府は対外広報費に2億４０００万円の予算を使っているという話を聞きました。対する日本政府は、14年には6億円、15年には9億８０００万円、16年には8億７０００万円の予算を確保しています。しかし、この予算は現地で苦境に立たされている日本人の支援には使われていません。

前述の目良氏は、グレンデール市の慰安婦像の撤去を求めて訴訟を起こし、「グレンデール市が連邦政府の外交権限を侵害している」と主張しています。もし目良氏が勝訴すれば、他の自治体の慰安婦像を設置しようとする動きを阻止できると同時に、日本海の

「東海」表記を浸透させようとする州レベルの動きに対する牽制にもなります。しかし、裁判は1審、2審ともに原告の訴えは棄却され、16年9月には2審を行った連邦裁判所第9巡回区控訴裁に再審査を請求するも、却下されてしまいました。当然、目良氏らは諦めず、同年12月に改めて再審査の請求をしています。戦いは現在も続いているのです。

このように、国家の名誉を懸けて戦っている日本人を支援することも、日本政府や外務省の大切な役割なのではないでしょうか。

韓国は非公式の形で、ロビー活動にもっと多くの予算を使っているかもしれません。このままでは日本の名誉が傷つけられる一方であり、現地で暮らす日本人の肩身がますます狭くなることは明白です。だからこそ、日本も政府主導で対応していく必要があります。

実際にアメリカに行ってみて、「韓国の国家を挙げての情報戦に大きく差をつけられて負けている日本」を思い知らされました。同時に「河野談話を撤回すれば日本に一筋の光が見えてくる」とも感じました。河野談話さえなくなれば、日本政府は堂々と反論できるようになるからです。

日本人がいくら真実を叫んでも、河野談話がある限り、「日本政府が認めているではないか」と反論されます。だからこそ、政府は河野談話を撤回すべきなのです。

状況は変わりかけたが……

グレンデール市視察から約2カ月後の2014年2月3日、衆議院予算委員会で質問をする機会がめぐってきました。NHKの中継が入る委員会で、当時の私のような1年生議員が質問に立ったのは異例のことでした。

私に与えられた時間は20分でした。「先人に着せられた汚名を晴らしたい」「アメリカで頑張っている人の力になりたい」という思いから、与えられた時間はすべて慰安婦問題のために使うと決めていました。

質問に当たって原稿を作成した私は、念入りに練習してから本番に臨みました。

まずは対外広報予算がどうなっているのかについて質問をしました。中韓の海外で展開している情報戦において、日本が国家として対応すべきだということを主張したのです。

続いて、グレンデール市をはじめとするアメリカ本土での慰安婦像設置の実態について、現地の話をしました。

そして最後に、河野洋平元官房長官の参考人招致を要求、予算委員会の理事会での検討をお願いしました。委員長の二階俊博氏（当時）からは、「検討します」と言ってもらうことができました。

私の次に質問に立った中山成彬氏は、再度、河野元官房長官の参考人招致を要求するとともに、官房副長官として河野談話の作成に関わった、石原信雄氏の参考人招致も要求しました。

もちろん、すぐに実現するとは考えていませんでしたが、予算委員会は2月19日の理事会で、石原氏の招致を決めました。その際には、「血圧が上がるような質問をしないこと」という条件が課せられました。

翌20日、石原氏を招いた歴史的質疑は山田宏氏が行いました。

山田氏が河野談話を作成した経緯や、当時の日韓政府間のやり取りについて質問すると、石原氏は「女性たちを強制的に集めるというふうなことを裏づける客観的なデータは見つからなかった」ことを明らかにしました。

韓国政府の要望により、当時の日本政府は元慰安婦とされる16名の女性にヒアリングを行いましたが、その件については以下のように振り返りました。

「当時は、慰安婦とされた人たちの中で客観的な状況を話せる人を選んでいただきたい、その要請に応えて、そういう人を選びますということで韓国側が十六人の候補者を出したわけですから、当時の状況としては、それの裏づけをとるというか、そういうことができるような雰囲気ではなかったと思っております」

韓国の反日団体「韓国挺身隊問題対策協議会」（挺対協）の主張を代弁するような女性たちから話を聞き、河野談話は強制連行を認める内容になったというわけです。

この日の質疑を受けて、政府は河野談話の検証を行うことを約束し、直ちにその作業に着手しました。

一方、日本維新の会では、13年11月に党内で「歴史問題検証プロジェクト・チーム」を立ち上げ、第1弾の活動として、慰安婦問題を検証することが決まっていました。「慰安婦問題は女性が取り組んだ方がよい」という判断の下、同プロジェクト・チームの事務局長に就任した私は、翌14年2月から、中山氏や山田氏らと「河野談話見直しを求める署名活動」を開始しました。

署名活動はホームページを開設して名前などを記入してもらう「インターネット署名」の形ではなく、郵送・ファクス・メールのみで受けつける形をとりました。にもかかわらず、約2カ月の間に、当初目標としていた10万筆を超える14万2284筆もの署名が集まったのです。国民の談話の見直しに対する期待の高さをひしひしと感じました。

14年4月18日には、署名の束を手渡すため、中山氏らと首相官邸を訪ねました。応対してくれた菅義偉官房長官が「私も気持ちはみなさんと一緒です」と言ってくれたことは、現在も強く印象に残っています。

その2カ月後の6月には、政府が河野談話の検証を発表しました。この検証では、談話の原案を事前に韓国と擦り合わせたことや、強制連行は確認できないのに官房長官だった河野洋平氏が「あった」と独断で発言したことが明らかになりました。しかし、政府は談話の見直しや撤回はしませんでした。

当時、日本維新の会の中で河野談話の見直しを求めていた議員は、14年7月の分党を機に次世代の党（現・日本のこころ）に加わりました。しかし、同年12月の解散総選挙で、私を含む大半が落選してしまいました。その結果、国会で慰安婦問題について言及する議員はほとんどいなくなり、現在は河野洋平氏を参考人として国会に招く機運がありません。

14年8月、朝日新聞が慰安婦問題に関する報道の誤りを認め、訂正記事を出したにもかかわらず、関心を寄せているのは一部の国民だけです。朝日の誤報については、海外にはほとんど発信されていないのです。

当時、解決に向けて手応えを感じつつあった慰安婦問題ですが、現状は何も変わっていないと言わざるを得ません。14年に受けた雑誌のインタビューで、私は以下のように語りました。

「いまは河野談話の見直しに向けた動きが注目されています。これをブームで終わらせるつもりはありません。もっと言うなら、河野談話を撤回させることでブームを終わらせる、そのような覚悟で挑んでいきたい」

しかし、当時の盛り上がりはなくなってしまいました。それでも私たちの戦いは終わっていません。

慰安婦問題を放置すると、私たちの子供や孫世代も中韓の嘘に謝り続けなくてはならないことになる。そのような事態を避けるためにも、この問題は私たちの世代で解決する必要があるのです。

15年6月9日、村山富市元首相と河野洋平元官房長官は、日本記者クラブで対談形式の記者会見を行い、お互いの談話を称え合いました。元社会党と元自民党の要職だった両氏が一緒に記者会見をしたということで、会場には国内外のメディアが押しかけ、大きく報道されました。

反日勢力は常に必死です。政党の枠を超えて、大きな一つの塊になって日本を貶めています。一方の保守勢力は、いつも一つになれません。目的が一緒でも、政党が違えば手を組むことを阻まれます。そればかりか、経済政策や外交手段などの意見の相違で、分裂し、お互いを攻撃し合っている状態なのです。

しかし、嘆いていても何も始まりません。現在、私は国会議員ではないため活動が限られますが、自分ができることからしていかなければいけないと思っています。ただ、政府の中には、この問題を解決したくない人がいるように思えて仕方ないのも事実です。

第3章

国連が慰安婦問題に介入する理由

国連は「慰安婦」だらけ

本章では、改めて国連の仕組みと問題点についてお話ししたいと思います。

国連の委員会とは何をする組織なのか。国連という組織自体が加盟国にさまざまな勧告を出し、各国政府がそれに従っているようなイメージがあるかもしれませんが、やや違うのです。

国連と各種委員会はあくまで別物で、その委員会が加盟国を審査して勧告を行っています。この際、準備会合を行い、審査の対象となる国のＮＧＯのメンバーを集めて意見を聴取します。準備会合で出た意見をまとめる形で、最終的にその国の政府に勧告を出しているに過ぎないのです。当然、委員会からの勧告には強制力はなく、必ずしも従わなくてはならないわけではありません。

委員会はなぜこのようなシステムをとっているのでしょうか。

現在も人権が侵害されている国はたくさんあります。例えばパキスタンでは女性に対する差別が存在しており、２０１４年にノーベル平和賞を受賞したマララ・ユスフザイ氏は、「女性の教育機会の充実」を訴えただけで、イスラム武装勢力に銃撃されました。

その他にも女性が虐げられている国はあります。そのような国では、女性たちが自国の政府に改善を要求することは難しいでしょう。だから国連の委員会が準備会合を開催して、審査の対象となる国の市民の声を聞いて、最終的に「女性差別を改善するべきだ」と勧告するシステムを採用しているのです。

このような役割を果たしている国連については、私も否定するつもりはありません。しかし、国連は日本に対しても同様のことを行っています。そして左派系NGOの言うことを真に受け、まるで日本にひどい女性差別があるかのように誤解して、その改善を求めてきているのです。それだけではなく、70年以上も前にあったとされる慰安婦問題に対して、責任まで求めてきています。だから私は、これまで何度も国連に足を運んで、委員会で反対意見を述べてきました。

現在、慰安婦問題で日本を糾弾している主な委員会は以下の7つです。

①女子差別撤廃委員会

81年発効の「女子差別撤廃条約」に基づき設立。締結国の女性に対する差別を改善することが目的。94年に元慰安婦に対する責任を求めたことをきっかけに、何度も慰安婦問題に言及。

②社会権規約委員会

76年発効の「経済的、社会的及び文化的権利に関する国際規約」に基づき設立。文化的発展を追求する自由の確保などが目的。13年の「最終見解」では〈「慰安婦」が経済的、社会的及び文化的権利の享受を保障するためのあらゆる必要な措置をとることを勧告する〉と明記。

③自由権規約委員会

76年発効の「市民的及び政治的権利に関する国際規約」に基づき設立。基本的人権の侵害を改善することが目的。14年7月の同委員会・対日審査では、08年に同委員会がまとめた「最終見解」で日本に法的責任や補償を求めたにもかかわらず、状況が変化していないとして日本の対応を批判。その上で「日本は、遠回しな『慰安婦』ではなく、適切な呼び方である『強制性奴隷』の呼称を使うべきだ」と言及。

④拷問の禁止に関する委員会

87年発効の「拷問等禁止条約」に基づき設立。公務員が情報収集を目的に、身体的、精神的な苦痛を与える行いを防止することなどが目的。07年の「条約第19条に基づき締約国から提出された報告書の審査拷問禁止委員会の結論及び勧告」において〈委員会は、第二次世界大戦中に軍の性的奴隷の被害者となったいわゆる「慰安婦」によって提訴された案件が、時効に関連する理由をもって棄却されたことを遺憾とする〉と明記。

⑤人種差別撤廃委員会

69年発効の「あらゆる形態の人種差別の撤廃に関する国際条約」に基づき設立。人権及び基本的自由の平等の確保などが目的。14年の「日本の第7回・第8回・第9回定期報告に関する最終見解」では〈日本軍による慰安婦の権利侵害に関する調査を終わらせること。そして、人権侵害の責任者を裁判にかけること〉〈慰安婦問題に関する包括的、公正及び永続的な解決を追求すること〉と勧告。

⑥人権理事会

06年に国連総会で採択された「人権理事会」決議により設置。人権と基本的自由の保護・促進や、大規模かつ組織的な侵害を含む人権侵害状況への対処などが目的。12年、人権理事会の閣僚級会合では、韓国外交通商省の金奉炫《キムボンヒヨン》氏が「従軍慰安婦は『人道に対する罪』であり、責任者の処罰や2国間協議など必要な措置を取るべきだ」と主張。

⑦女性の地位に関する委員会

46年、経済社会理事会の機能委員会の一つとして設置。政治、社会、教育分野などにおける女性の地位向上が目的。14年には同委員会の一般討論で中国の国連次席大使、王民氏が慰安婦問題を取り上げ「人道に対する罪」として非難、翌15年には韓国の女性家族相、金姫延《キムヒジョン》氏が慰安婦問題について「未解決」と言及。

こうして並べてみると、「慰安婦」という言葉がいかに国連内部を侵蝕しているかが分かると思います。

各委員会は、それぞれ独自の目的を定め、それに基づいたテーマに沿って議論しています。慰安婦問題はどの委員会においても、数あるテーマの中の一つに過ぎませんが、人権問題の一環として議題に上がっているのです。

「女子差別撤廃委員会」「社会権規約委員会」「自由権規約委員会」「拷問の禁止に関する委員会」「人種差別撤廃委員会」は「会期委員会」と呼ばれ、「総会」の「人権理事会」の下部に位置づけられています（国連の組織構成は37ページの図を参照）。委員会は年に2回から3回、ジュネーブの国連欧州本部で開催され、年間10カ国程度を審査しています。日本が審査対象となる委員会が開催されるのは不定期ですが、概ね4年に1度行われています。

人権理事会はジュネーブで年3回程度開催されます。国連では会期委員会の上に位置づけられているため、会合を傍聴することは可能ですが、スピーチを述べるには、前述の協議資格が必要になります。

人権理事会では加盟国に対する審査の他、子供の売買や教育、略式裁判による刑の執行、極度の貧困、食糧の権利、意見および表現の自由、宗教もしくは信条の自由などをテーマに、各国の状況を話し合う会合も設けられています。

15年9月21日、沖縄県知事の翁長雄志氏は人権理事会に出席して「沖縄の人々は自己決定権や人権をないがしろにされている」と演説しましたが、このときの会合のテーマは「少数民族」でした。沖縄タイムスの報道によると、翁長氏の演説は、新基地建設阻止を目的に活動する「沖縄建白書を実現し未来を拓く島ぐるみ会議」が、反差別国際運動など協議資格を持つ複数のNGOの協力を得たことで実現したようです。

以上が、国連で慰安婦問題に関して日本に責任を求めてきている委員会です。

前述の通り、私たちがパラレルイベントに参加した女性の地位に関する委員会だけは、経済社会理事会に属しており、毎年3月にニューヨークで開催されています。協議資格がなければ、委員会でのスピーチはおろか、参加することすらできません。そのため、委員会で具体的にどのようなことが行われているのかは分かりませんが、各国の政府高官が集まりテーマに沿って意見を言い合う他、国連本部の会議室でイベントなどが行われているようです。

国連の「良心」を利用する左派NGO

私たちは、女性の地位に関する委員会のパラレルイベントから遡ること半年前、2015年7月27日に女子差別撤廃委員会の準備会合に参加しました。つまり、このとき初めて私たちは国連の委員会に出席したのです。

女子差別撤廃委員会のような会期委員会は、以下の流れで行われます。

①委員会は準備会合を開催してNGOから意見聴取
②委員会より日本政府へ「質問書」を送付
③日本政府は「質問書」に対する回答となる「報告書」を作成して委員会へ提出

④委員会は「報告書」を元に事前会合を開催してＮＧＯから意見聴取
⑤委員会は対日審査を開催して日本政府へ質問
⑥委員会より日本政府へ「最終見解」を送付

女子差別撤廃委員会には23名の委員がおり、さまざまな国籍の人で構成されています。中にはモーリシャスやレバノンといった、日本と縁が深いとは言えないアフリカの国の委員もいます。もちろん、それ自体に問題はありません。しかし、そのような委員が日本を審査しようとするから、事態はおかしな方向へ進むのです。

人権を侵されている国の市民は、政府に改善を求めることができない、だから委員会が準備会合でそのような市民の声を吸い上げるということは、すでに述べました。しかし、これはあくまでも表向きの理由であり、その裏には、委員が審査対象となる国のことを知らないため、市民から意見を聴取しなければ何も勧告できないという事情もあります。

それは日本に対しても同様で、モーリシャスやレバノンの委員だけでなく、ほとんどの委員は日本の事情を把握しているわけではありません。だから審査に先だって準備会合を開き、ＮＧＯのメンバーを招集して、日本の状況を聞き出します。しかし、これまでこの準備会合には、「日弁連」をはじめとする左派系ＮＧＯしか集まりませんでした。彼らは「慰安婦＝性奴隷」を肯定し、過度な男女同権やマイノリティーの保護を訴えています。そのため、準備会合ではありもしないことをでっち上げて、あたかも日本が人権侵害国家であるかのように吹聴してきたのです。

すると委員は、そのような嘘を信じてしまいます。彼らは反日的な考えから日本を糾弾しているわけではなく、良心から「改善しなければならない」と考え、日本政府にさまざまな勧告を出してきました。

準備会合が終わると、委員会は「質問書」を作成して日本政府に送ります。「質問書」で慰安婦問題に関する考えや、今後の取り組みについて問うのです。それを受けた日本政府が、慰安婦の強制連行や「慰安婦＝性奴隷」という嘘に対してきちんと反論すれば問題はありませんでした。しかし、これまで政府は「質問書」に真剣に向き合い、今後の対処などについて回答してきました。このような日本人の真面目な一面が、ありもしない問題を認めたことになり、慰安婦問題は大きくなってしまったのです。

国連の特殊なシステムと、それに真摯に向き合う特殊な国・日本。この二つの関係性を改めなければ、日本は今後も国際社会で貶められる一方です。

日本の民法にまで介入

国連はこれまでも慰安婦を「性奴隷」だと断じた「クマラスワミ報告」など、事実に反する情報発信の他、間違った認識に基づいた勧告を繰り返してきました。その多くは、日本の伝統や文化の破壊に繋がりかねないものばかりです。

「選択的夫婦別姓制度」(夫婦別姓)も、左派系NGOが各委員会の委員に吹き込み、国連から勧告が出たことで、近年日本でも議論されるようになりました。

普通に日本で暮らしている国民からすると、男女が結婚して夫婦どちらかの姓を名乗ることなど当たり前で、差別とは無縁の話です。

結婚で姓が変わったことにより、仕事などで不都合が生まれたとしても、多くの人はそれを受け入れているし、通名の使用も認められています。男性が女性の姓に変えることも認められているのだから、「女性差別」というのは言いがかりに過ぎません。

ところが、これが国連から差別だと決めつけられてしまうのです。首をかしげたくなるような話ですが、その舞台裏では、日本の左派系NGOが国連の看板を利用すべく、日夜暗躍しているというわけです。

非嫡出子（法律上の婚姻関係がない男女の間に生まれた子供）の相続割合を、嫡出子（婚姻関係にある男女の間に生まれた子供）の相続割合の半分にする日本の民法の規定が差別だとされたのも「国連発」でした。これもまた、日本の左派系ＮＧＯが暗躍した結果ですが、そもそも戦後の民法改正時に「非嫡出子と摘出子の相続割合に違いを設けてほしい」と求めたのは、他ならぬ女性議員でした。

この規定は法律婚を維持し、女性を保護するためのものだったのです。結婚していようがいまいが、生まれてきた子供に罪はないとして同等の相続割合にしてしまうと、本来の妻の立場はどうなるでしょうか。それでは人倫に悖り、家族や結婚、とりわけ妻である女性を保護することにはなりません。そのために設けられたはずの規定が今日、あべこべに差別だと決めつけられたわけです。

「子供の売買、児童売春、児童ポルノ」に関する特別報告者のマオド・ド・ブーア＝ブキッキオ氏が来日した際、「日本の女子生徒の13％が援助交際に関わっている」と発言したことも、根っこはほとんど同じです。

日本のＮＧＯがジュネーブに出向き、国連の勧告に自分たちの意見を反映させようとしのぎを削り、情報戦を繰り広げています。その際、事実関係が歪められた牽強付会な新聞報道や針小棒大な調査資料が、独善的で一方的な主張を裏づける資料として持ち込まれているのです。

その証拠に各委員会は、慰安婦問題に対して「強制連行」と「性奴隷」を理由に謝罪や補償を求めてきています。これらの嘘は吉田清治氏の著書『私の戦争犯罪：朝鮮人強制連行』により生まれたものですが、それを広めたのは朝日新聞です。同紙は82年9月に「韓国・済州島で200人の慰安婦を奴隷狩りした」という吉田氏の証言を取り上げ、その後も16回にわたってこれを報道しました。それらの記事が証拠として、各委員会に提出されたはずなのです。

NGOといっても母体は左翼組織であり、場合によっては反政府組織に近い団体もあるため、国連が出す勧告は徐々に実態とはかけ離れ、的外れなものになってしまいます。ブキッキオ氏は、自分の発言がどれほど日本の女性を愚弄するものだったか、もたらした影響の大きさを見て初めて気づいたはずです。

しかし、国連ではそうした話が当たり前の情報として取り交わされているので、起こるべくして起こった出来事なのです。

林陽子とは何者か

日本に対して慰安婦問題の補償や過度なジェンダーフリーを求めてくるなど、何かと問題の多い女子差別撤廃委員会ですが、第1章でも触れたように、現委員長は日本人弁護士の林陽子氏です。

林氏は2008年1月に同委員会の委員に就任し、15年2月に委員長に選出されました。自身のインタビューなどによると、1983年に弁護士登録後、雇用差別や婚外子差別、セクシュアル・ハラスメント訴訟などの弁護団に入り、訴訟事件中心の仕事をしてきたそうです。

委員に就任して約1年後の09年3月には、「日弁連」のインタビューを受けています。インタビューでは、弁護士として、働く女性の権利に関わる裁判の弁護を担当し、「働く女性のための弁護団」の共同代表を務めた故中島通子氏について触れ、〈中島通子先生が編集された日本で最初の女性差別撤廃条約の解説書（「変わる女性の世界」労働教育センター、1984年）の執筆にも加わりました〉〈1986年から「女性の家HELP」という外国人女性のためのシェルターの顧問弁護士になり、人身売買の被害者の救援に取り組みました〉と述べています。

また、〈福島瑞穂さん（社民党党首）、大島有紀子さん（千葉県弁護士会）、加城千波さん（第二東京弁護士会）と一緒に地方の警察・検察庁に雇い主を売春防止法違反で告訴する告訴状を持参する活動などを続けていました〉〈２０００年、内閣府男女共同参画会議「女性に対する暴力専門調査会」の委員に任命され、現在もこの任にあります〉などと話しており、日本のフェミニズム界の重鎮的な存在であることが分かります。

弁護士になって3年目の85年からは活躍の舞台を海外に広げ、「世界女性会議」などに参加したそうです。〈「女性に対する暴力」とか「性と生殖に関する権利」とか戦時下性暴力の問題など、日本ではまだまだ認識されていなかった新しい問題に触れ、大いに触発されました〉と述べています。

こうした活動の中で、松井やより氏や、慰安婦を「性奴隷」と指摘する報告書を出したスリランカのクマラスワミ氏らとも知り合ったようです。

〈世界女性会議で作られたＮＧＯのネットワークで、スリランカやインド、フィリピン、タイなどアジア諸国で開催される会議に毎年出席しました。日本からは、故松井やよりさん（ジャーナリスト）と私が委員をしており、松井さんからはアジアの女性運動について多くのことを学びました〉〈「女性に対する暴力特別報告者」として有名なラディカ・クマラスワミ氏や、人権擁護者（human rights defender）に関する国連事務総長特別代表だったヒナ・ジラニ氏もメンバーで、ＣＥＤＡＷ（女子差別撤廃委員会）のアジア各国の委員を数多く輩出しています。その運営委員会のメンバーだったと言うと、国連の人たちも「それはすごい」と評価して下さいます（笑）〉

インタビュー記事では気になる箇所もありました。林氏が女子差別撤廃委員に就任した経緯です。ご自身は以下のように語っています。

〈前任の斎賀富美子さん（外務省人権担当大使。当時）が２００７年11月に国際刑事裁判所（ＩＣＣ）の裁判官に選出され、ＣＥＤＡＷの委員を含めて全ての公職を辞任されることになり、そのころ外務省から一本のお電話をいただきました。「一度お会いしたい」と。一体何の話なのか全く予想が付かないままお会いしてみると、斎賀さんの後任としてＣＥＤＡＷの委員になって欲しいとのことで、大変驚きました。ただ、これはあらゆることを犠牲にしてでも引き受ける価値のある仕事だと思ったので、お引き受けしました〉

一方、私の知人は以前、外務省に電話をかけて、「なぜ林陽子さんを女子差別撤廃委員会の委員に推薦したんですか？」と質問をしたことがあります。日本を糾弾する委員会に日本人の委員がいることが許せなかったからです。

すると、応対した外務省の職員は「外務省が推薦したわけではありません。ご自身が立候補して就任されました」と答えたというのです。林氏と外務省のどちらの話が真実なのかは分かりませんが、委員に就任した経緯の説明が180度違うのは不思議です。

林氏は〈「日本人」の委員であることによるアドバンテージ〉を問われた際には、以下のように答えています。

〈日本人の生真面目さが重宝されることもあります。たとえば、ある会議での議論を、私以外、誰も記録しておらず、その3か月後に「では、あの時の議論の続きを」ということになったら、それぞれの記憶がバラバラでかみ合わない。私がパソコンに残していた記録を取り出したら、他の委員に感心されたことがありました（笑）〉

会議でどのような議論をしていたのかは分かりませんが、この話を聞く限りでは「いい加減な委員会」と判断せざるを得ません。しかし、そのような委員会が日本政府に対して委員は厳しい評価をしている。それだけでも大問題ですが、理由は〈日本政府に対して委員が辛口なのは、「前回からの改善・前進が見えない」〉からだそうです。

私から言わせれば、女子差別撤廃委員会の勧告はあまりにもお粗末な内容で、無視してしまえばよいとすら感じています。現に他国の政府は、日本のように委員会のたびに、政府代表団を派遣するようなことはありません。また、アメリカは何か気に食わないことがあると、すぐに国連に支払う分担金をストップさせます。それなのに、日本政府だけが委員会と真摯に向き合い、勧告に対する改善策を考えているのです。

もし仮に林氏の言うような「改善・前進」をしてしまったとしたら、それは、日本や日本人にかけられた疑い、つまり冤罪を認めることになってしまいます。だからこそ、国連からおかしな勧告が出たようなときは、日本も他国のように無視すればよいのです。

15年2月、委員長に就任した林氏は、その半年後の8月、国連広報センターのインタビュー（国連広報センター　ブログ）に答え、この中でも、女性の立場が日本は世界と比べて遅れているという指摘をくり返し、日本にはひどい男女差別があるかのような言い方をしています。

成立前だった女性活躍推進法（15年8月に成立、16年4月に施行）については、〈安倍政権が女性の活躍推進を掲げて動き出していますが、こういう時にこそ「これは法的拘束力を持つ条約上の義務なのですよ」と改めて言う必要がある〉と強調。さらに、〈差別をなくすということだけではなく、女性が権利を獲得して力をつけていくための政府のアクションやプログラムが必要〉〈「男女は法の前で平等ですよ」ということではなく、現実にある不平等をなくすための行動をとることが国の義務なのです〉などと述べています。

日本の女性議員についても、〈残念ながら日本の歩みは遅いです〉〈1995年に日本の衆議院の女性議員の比率は3％前後で今は9％台です。伸びてはいますが、世界の平均の現在22％からすると見劣りがします〉と、やはり日本が劣った国であることを強調しています。

女性の議員を無理やり増加させることに、何の意味があるのか分かりません。私は何度も指摘していますが、日本は男女が役割分担するとともに、女性を大切にしてきた国なのです。しかし、日本のよい面は見ず、ただ闇雲に男女平等を訴える林氏と、そのような考えを持つ人ばかりを受け入れる女子差別撤廃委員会の性質には、大きな疑問を感じます。

法の不遡及を無視した慰安婦問題

なぜ慰安婦問題が国連で取り上げられるようになったのか。1992年、「人権理事会」の前身である「人権委員会」の下部委員会、「差別防止少数者保護小委員会」において、弁護士の戸塚悦朗氏が慰安婦を「性奴隷」と表現したことをきっかけに、国連でも慰安婦問題が扱われるようになりました。戸塚氏は95年までに少なくとも15回以上欧米などに渡航し、活発なロビー活動を展開してきた弁護士です。

しかし、国連の委員会が慰安婦問題を語るのは、そもそもあってはならないことなのです。

慰安婦問題は、各委員会の根拠となる条約ができる以前に生じた問題です。それは、法律をその法律ができる以前の出来事に適用することは、近代に確立した法の不遡及という原則を崩してしまうのと同じ話です。つまり、慰安婦問題を女子差別撤廃条約の委員会の審議対象にしていること自体が、本当はおかしな話なのです。

しかし、慰安婦問題はその後も、同委員会の審議の対象です。初めて対象にされたのは、河野談話が発表された翌年である94年1月、第13回女子差別撤廃委員会の審議に遡ります。日本の左派系NGOがこの問題を議論するように国連に持ち込みました。

同年、国連から日本政府に届いた「最終見解」には、〈委員会は、日本の報告が他のアジア諸国からの女性に対する性的搾取及び第2次世界大戦中の女性に対する性的搾取に関する問題を真剣に反映していないことにつき失望の意を表明した〉と書いてあります。また、「最終見解」の「提案及び勧告」の欄にも、〈日本政府に対し、これらの最近の問題及び戦争に関連する犯罪を取り扱うため具体的かつ効果的な措置をとること及びその措置につき次回の報告で委員会に報告することを推奨する〉という記述があったのです。

「慰安婦」という言葉は使われていませんが、〈第2次世界大戦中の女性に対する性的搾取〉や〈戦争に関連する犯罪〉が慰安婦問題を指していることは明白です。本来、慰安婦問題が女子差別撤廃条約の適用対象外だということを認識していたからなのか、委員会側は、あえて「慰安婦」という言葉を使わなかったのだと思います。

この「最終見解」に対し、日本政府が「報告書」を提出したのは98年7月のことでした。そこで日本政府は、わざわざ「いわゆる従軍慰安婦問題」という項目を追加して、冒頭で〈いわゆる従軍慰安婦問題については、本条項と直接関連があるわけではない〉と断りを入れたのです。

これを回答として、それ以上は何も言及しなければ良かったのですが、報告書では次のように続けてしまいました。

〈機会あるごとに元慰安婦の方々に対するお詫びと反省の気持ちを表明している〉

〈1995年7月のアジア女性基金（以下「基金」）の創設を支援するとともに、「基金」の運営経費の全額負担、募金活動への協力等を通じ「基金」事業を全面的に支援している〉〈総理は、日本政府を代表して、「基金」による国民的な償いの事業が行われる際に、この問題に関して改めて心からのお詫びと反省の気持ちを表す手紙を直接元慰安婦の方々にお届けすることとしている〉〈「基金」は、1996年7月、韓国、フィリピン、そして台湾における元慰安婦の方々に対して、一人当たり200万円の償い金をお渡しすることを決定〉

当時の日本政府としては、国連の「質問書」に真摯に向き合っただけだったのかもしれません。しかし、この回答により事態はいっそうこじれ、委員会のたびに当たり前のように慰安婦問題が語られ、日本が糾弾されることになったのです。

このような日本政府の姿勢はその後も変わらず、2014年9月に日本政府が提出した「女子差別撤廃条約実施状況　第7・8回報告書」を見ても、まずは冒頭で以下の断りを入れています。

〈本条約は、我が国が本条約を締結（1985年）する以前に生じた問題に対して遡って適用されないため、慰安婦問題を本条約の実施状況の報告において取り上げることは適切

でないというのが我が国の基本的な考えである〉

　このときもこれで留めておけば良かったはずです。ところが、報告書では〈あえて、貴委員会への参考として、我が国の取組について述べることとする〉と続け、以下のように回答したのです。

〈日本は、先の大戦に至る一時期、多くの国々、とりわけアジア諸国の人々に対して多大の損害と苦痛を与えた。これまで、日本政府は、こうした歴史の事実を謙虚に受け止め、改めて痛切な反省と心からのお詫びの気持ちを累次表明するとともに、先の大戦における内外のすべての犠牲者に謹んで哀悼の意を繰り返し表明してきた〉〈慰安婦問題に関しては、安倍晋三内閣総理大臣は、筆舌に尽くしがたいつらい思いをされた方々のことを思い、非常に心を痛めている。この点についての思いは、これまでも繰り返し表明されてきており、歴代内閣総理大臣と変わらない〉〈国民と政府が協力して「アジア女性基金（AWF）」を設立した。（中略）韓国、フィリピン、台湾の元慰安婦（各国政府によって認定され、かつ本人が受取りを望んだ方々）に対し、償い金（一人当たり200万円）をお渡しした〉

　いまさら後の祭りですが、94年の国連からの「質問書」で慰安婦に関する言及があった時点で、「関係ない」と突っぱねておけば、慰安婦問題はこれほど大きな問題になっていなかったはずです。

「異なる意見」に委員が動揺

そもそも私たちは、どのような経緯で女子差別撤廃委員会に出席できたのでしょうか。女性の地位に関する委員会は、出席するだけでも協議資格が必要になります。しかし、人権理事会の下部に位置する女子差別撤廃委員会の準備会合に出席するには、何かしらのＮＧＯに所属する必要があるだけで、協議資格の有無は関係ありません。国連のホームページの参加登録の欄で、名前や国籍など必要事項を記入して登録すれば、誰でも出席できるのです。

ただ、準備会合でスピーチをするには、委員会の事務局とメールのやり取りをしなければなりません。その際には、準備会合でスピーチする内容と、その内容を裏づける資料をメールで送る必要があるため、多少の英語力は必要になりますが、申請さえすれば誰でもスピーチができます。しかし、スピーチ時間はそれまでの実績などが考慮されるため、初めて参加する人の発言時間は短くなります。

そのような過程を経て、私たちは２０１５年7月27日に開催された女子差別撤廃委員会・準備会合に出席し、スピーチすることになりました。歪曲された情報ではなく正しい情報を発信していかなければならない、私はそう決意していました。そして当日は、「なでしこアクション」の山本優美子氏と、それぞれ2分ずつスピーチしました。

会場には「日弁連」や「日本女性差別撤廃条約ＮＧＯネットワーク」の他、「すぺーすアライズ」「全国『精神病』者集団」「大阪子どもの貧困アクショングループ」といった面々が大勢詰めかけていました。彼らは国連で常連のような扱いを受けており、私たちには2分しか与えられなかった発言時間も、それぞれ6分間ずつ確保されていました。準備会合の直前に「発言時間は平等に振り分けてください」と申し立てたものの、結局は認めてもらえませんでした。

この準備会合で出た議論をもとに「質問書」がつくられ、翌16年2月の女子差別撤廃委員会・対日審査で、日本政府がそれに回答するという流れになっていました。そのため、どちらかと言えば、この準備会合の方が慰安婦問題の国連における「本丸」と位置づけられていました。

左派系ＮＧＯのメンバーからは、以下のような発言がありました。

「日本では女性が差別されている、特に在日、アイヌ、沖縄、部落の人たちが差別をされていて、中でも女性は特に差別されている。彼らに対するヘイトスピーチもひどい」「日本で夫婦別姓が認められていないのは女性差別だ」

慰安婦問題に関しては「日本は十分な謝罪も賠償もしていない」という声がありました。

そうした中、山本氏は慰安婦像や記念碑が次々と建てられているアメリカの実情を説明し、「女性の人権問題の域を超えて、日本を貶めるキャンペーンと化している」と訴えました。

私は、朝日新聞の誤った報道と、それによって海外に広まった情報に焦点を絞りました。

国連の委員会では、常任理事会の５カ国（アメリカ・イギリス・フランス・ロシア・中国）のいずれかの言語でのスピーチが義務づけられています。私は15年の春からフランス語の勉強を始めていたこともあり、準備会合ではフランス語で以下の通りスピーチしました。

〈私の名前は杉田水脈です。日本の前衆議院議員です。

今日は、私が考える慰安婦問題のポイントを皆さんと共有したいと思います。日本の慰安婦問題の論点は、日本の軍隊が女性たちを強制的に慰安所に連行したかどうかです。私は、外国で言われているような「日本の軍隊が力づくで女性たちを動員し、性奴隷にした」という歴史的な証拠は日本でいくら探しても見つからないことをここで確認しておきます。

「女性たちを駆り出して連行した」という話は、吉田清治という作家のでっち上げが基となっています。日本の有力紙、世界的にも有名な朝日新聞は、吉田清治のつくり話を歴史的な証拠として32年間の長きにわたり、国際的に日本の名誉を貶める報道を続けました。

しかしながら2014年8月5日、朝日新聞が紙上で慰安婦問題のこれまでの報道の検証を行い、吉田清治の証言が全くの虚位であったことを認め、それを記事として周知しました。

現在、まだまだ世界中で、日本は女性を性奴隷にしたと思われており、それはナチス・ドイツのホロコーストに匹敵する重大な犯罪だと宣伝されています。これは全く事実無根であることを私は大きな声で断言します〉

山本氏と私のスピーチ内容に、委員は驚いたようでした。これまで数十年にわたって日本の左派系ＮＧＯから「日本は慰安婦にひどいことをした」といった見解を聞かされ続けてきたのに、私たちが１８０度異なる見解を示したからです。

準備会合の後半には、委員から以下のような質問がありました。

「日本の慰安婦問題については、強制連行され、性奴隷にされたということは知っているが、それは事実ではないという意見を初めて聞いた。本当なのか？」

「あなた方は政府の意向を受けて来ているのか？」

準備会合の会議場には、私たちのグループの一員として、準備会合を視察するために同行していた「テキサス親父」ことトニー・マラーノ氏もいました。委員からの質問に対してマラーノ氏は、１９４４年に米陸軍がビルマ（現・ミャンマー）で拘束した朝鮮人慰安婦を尋問して作成した「調書」を例に出し、慰安婦たちが「性奴隷」とは言えない豪華な生活を送っていたことを説明しました。

また、「政府の意向を受けて来ているのか？」という質問に対しても、明確に否定しました。すると準備会合の最後に委員から「これからは慰安婦問題に対して、二つの考え方があるという立場に立ちます」と言ってもらえたのです。

女子差別撤廃委員会は準備会合で出た意見を踏まえて、7月31日、日本政府に「質問書」を送ってきました。そしてその中には、注目すべき質問が盛り込まれていたのです。〈委員会は最近の公式声明から「慰安婦の強制連行を証明するものはなかった」との報告を受けた。これについて（日本政府の）見解を述べよ〉

準備会合における私たちの発言を踏まえた質問です。日本政府は翌16年2月の対日審査で、この質問に対する回答をすることになりました。

クマラスワミ報告の撤回を要求

対日審査までの約7カ月、私たちは何もしなかったわけではありません。2015年9月14日から国連欧州本部で開かれた人権理事会にも参加しました。過去に人権理事会でも慰安婦問題は言及されています。そこで私たち保守系も「慰安婦＝性奴隷」が嘘であることを発信すべきだと考えたのです。私たちが参加したのは、翁長沖縄県知事がスピーチを行った翌週の9月30日でした。

人権理事会は女子差別撤廃委員会などの会期委員会とは違い、スピーチをするには協議資格が必要になります。当然、私たちにはこの資格はなかったのですが、私たちの活動に賛同してくれた左派でも右派でもない、あるNGOの協力が得られ、人権理事会でも発言することになりました。

ただ、スピーチをするまでに一波乱ありました。人権理事会は会期中、さまざまなテーマの会合が続きます。どのテーマの会合で発言できるのか、それは大切な要素になります。ところが、メールや電話でその点について質問しても、NGOの代表からは、はっきりした返事をいただけませんでした。

私は不安を抱えたまま、ジュネーブに出発しました。その時点では、どの会合でスピーチできるのか、まだ分かっていない状況でした。

迎えた当日、国連に到着してから先のNGOの代表にスピーチはできるのかと問うと、「スリランカの会合で発言ができることになった」と言われました。しかし、私が作成したスピーチ原稿は慰安婦問題に関する内容です。スリランカの会合で話してよいものかと疑問を抱きました。すると代表は「スリランカの人は貧しいから、あまり人が来ない。きっと時間が余るので、発言できるのではないか」と曖昧な返事をしたのです。

私は国連内の事務所を訪れ、スリランカの会合を担当する委員に原稿を見せました。すると案の定、「この内容ではスピーチできない」と言われてしまいました。

何のためにジュネーブまで来たのだろうかと落胆した私はホテルに戻り、日本にいる関係者に謝罪のメールを送っていました。しかし、そのときあることに気がつきました。国連における慰安婦問題といえばクマラスワミ報告であり、この報告書を提出したラディカ・クマラスワミ氏はスリランカ人です。その点に触れれば、スリランカの会合でもスピーチができるのではないかと思ったのです。

河野談話が検証され、朝日新聞が慰安婦問題に関する報道の誤りを認めたことで、日本政府は、クマラスワミ氏に報告書の訂正を求めました。しかし、彼女はそれに応じていません。そこで、この件を発言で取り上げることに決め、同行していたテキサス親父日本事務局の藤木俊一氏ら、英語に精通している仲間の助けを借りながら、スピーチ原稿をすべて書き換えました。

翌日、新しい原稿を持って国連に行き、前日の委員に見てもらったところ、「これならスピーチしてもいい」と許可が下りました。委員会が始まる直前でしたが、直談判をして、2分だけスピーチをさせてもらえることになりました。私はこのときは英語で、以下の話をしました。

〈国連人権理事会における、いわゆるクマラスワミ報告に「慰安婦は性奴隷だ」と宣言されています。

この報告書は、主に二つの情報源により結論づけられました。

一つ目は、元慰安婦たちの証言、二つ目は、慰安婦の強制動員に関わったとする吉田清治の証言です。

しかしながら、双方ともに反証され論拠を失いました。何人もの元慰安婦たちが、ソウル大学の安秉直《アンビョンジク》教授やサンフランシスコ州立大学のサラ・ソウ教授に対して、国連のラディカ・クマラスワミ特別調査官に虚偽の証言をしたことを認めています。

北朝鮮の影響を受けている韓国挺身隊問題対策協議会は、これらの慰安婦たちをナヌムの家に軟禁し、日本軍に誘拐されたと告白するように訓練しました。

クワラスワミ女史の結論づけの二つ目の論拠は、吉田清治の本『私の戦争犯罪：朝鮮人強制連行』で、後に吉田氏は、たくさん売るために捏造したことを認めていますが、それらは、朝日新聞などにより史実として、32年間拡散されました。しかし、朝日新聞は昨年（14年）8月にそれらの記事は間違いであったことを認めて、撤回する記事を出し、謝罪しました。

日本政府は、「慰安婦が強制動員された証拠がない」ことを閣議決定しました。さらに米陸軍が1944年に作成した報告書には「慰安婦たちは高給取りの売春婦」だと書かれており、自由を束縛された「性奴隷」ではないことが記されています。

韓国人や中国人たちは、国連の報告書などを根拠に外国に慰安婦像や記念碑を建てています。それらの街では、日本人の子供たちへのいじめが報告されています。このような人権侵害を見過ごすわけにはいきません。

クマラスワミ報告を撤回し、政治運動により被害を受けている被害者たちの人権を考慮していただきたい。

副議長、我々は、国連とスリランカ政府に対し、先入観を排除し、史実に基づいたさらなる調査を促します。我々は、あなた方の調査に協力します〉

私が話し始めた途端、会場の空気が少し変わったのを感じました。「なんて話をしているのだ？」「なぜここでそのような話をしているのだ？」という反応だったのかもしれません。怪訝な表情を浮かべながら、私を見てくる人もいました。

しかし、中には賛同してくれた人もいました。国連に詰めているパキスタン人の記者です。彼は会合の後、私たちの活動を取材し、パキスタンのインターネットメディア『ボラン・タイムズ・インターナショナル』で取り上げてくれました。そしてこの記事は意外な方向に展開していきました。記者から連絡があり、以下のように言うのです。

「記事がとても好評で、たくさんのアクセスがある。特にアメリカと韓国からのアクセスが多いようだ。私はあなた方の主張が真実であると確信した」

私たちは現在もこの記者と連絡を取り合い、情報交換を行っています。国連はこれまで、反日勢力による情報発信の拠点であり、左派系NGOの牙城でした。そこに風穴を開ける私たちの活動は、15年夏から手探りで始まったものでしたが、このように仲間が増え、彼らの協力を得ながら、少しずつ私たちの主張が浸透し始めているのです。

第4章

日本政府の「前進」と「後退」

注目された審議官発言

私たちの発言を踏まえた「質問書」に対して、政府からの回答がなされる「女子差別撤廃委員会」の対日審査は、２０１６年2月16日に国連欧州本部で行われました。15年末に日韓合意がなされ、元慰安婦の支援を目的に韓国政府が設立する財団に、日本は10億円の拠出を約束しましたが、その約2カ月後のことです。

中国や韓国、国内の左派・反日勢力から仕掛けられている歴史戦で、自国の名誉と国益を守るため、日本政府はしっかりとした反撃をしてくれるのか。大きな注目を集めました。

女子差別撤廃委員会をはじめ、国連の人権関連の各委員会は、これまで繰り返し「慰安婦＝性奴隷」といった虚構に基づいて日本政府を批判し、さまざまな要求を突きつけてきました。解決済みの元慰安婦への補償はもちろん、関係者の刑事訴追、関連教育の義務づけなど、不当極まりない要求も並んでいました。

しかし、わが国の政府、外務省は、「慰安婦強制連行は確認されていない」という事実に則った反論はしてきませんでした。その代わりに「元慰安婦の方々に対するお詫びと反省の気持ちを表明している」「償い金（一人当たり200万円）をお渡しした」といった殊勝な言葉を繰り返し、その場しのぎの謝罪で切り抜けてきたのは前述の通りです。

不当な批判を認めるかのような政府と外務省の姿勢が、韓国や国内の反日勢力の活動を後押しすることになり、「慰安婦＝性奴隷」の嘘は国際社会に拡散され、アメリカ各地で慰安婦像や記念碑が設置されることになったと言っても過言ではありません。

1996年に「人権委員会」（現・人権理事会）にクマラスワミ報告が提出されたときも、外務省は「極めて不当」「歴史の歪曲に等しい」「受け入れる余地は全くない」ときっぱりと否定する反論書を一旦は国連に提出しながら、すぐに撤回してしまいました。その結果、慰安婦問題をめぐる誤解が世界に拡散され続け、日本にとっては深刻な状況となったため、私たちのような民間人が活動せざるを得ないのです。

そして、ようやく日本側にチャンスがめぐってきました。委員会からの「質問書」に〈「慰安婦の強制連行を証明するものはなかった」との報告を受けた。これについて（日本政府の）見解を述べよ〉とあったのは、慰安婦問題に対する国連の認識を大きく正すことができる絶好の機会であり、だからこそ、政府がきちんと回答することを私たちは期待していました。

しかし、結論を言うと、「質問書」に対する日本政府の「報告書」には、〈政府が発見した資料の中には、軍や官憲によるいわゆる『強制連行』は確認できなかった〉とだけ書いてありました。その他、慰安婦に関しては日韓合意の説明しかなく、正直物足りなく感じました。

女子差別撤廃委員会・対日審査の前日（2月15日）には、国連欧州本部の会議場で、各NGOのメンバーを集めて事前会合が開かれました。政府から届いた「報告書」の内容を踏まえて、各NGOが委員会の委員に「政府にこのような質問をしてもらいたい」と提起する場です。委員はこれをもとに、翌日の対日審査で政府に質問します。

事前会合には日本の8団体が参加していて、規模の大きい団体の発言者には4分から5分のスピーチ時間が与えられる中、「なでしこアクション」の山本優美子氏と私には、それぞれ1分ずつしか与えられませんでした。

当日、会場は入り切れない人も出るほど多くの日本人が詰めかけていました。もちろん、その大半は左派的な思想を持つ日本人です。

この事前会合で私は次の通り発言しました。

〈日本政府は「政府が発見した資料の中には、軍や官憲によるいわゆる『強制連行』は確認できなかった」と回答しました。一方、クマラスワミ報告には「20万の韓国女性が強制的に性奴隷にされた」と書いてあります。よって、委員会は日本政府に、この明らかな矛盾について明確にするように質問してください〉

山本氏の発言は以下の通りです。

〈2014年の自由権規約委員会111セッションで、日本政府（代表団の山中修外務省人権人道課長）は「（慰安婦は）性奴隷との表現は不適切」と表明しました。よって、委員会は、戦時中に日本軍・政府が韓国の若い女性を性奴隷化したかどうか明確にするよう、日本政府に質問してください。第2に2015年の日韓合意で、日本は「心からのお詫び」を表明しました。よって委員会は「お詫び」の意味、つまり「当時の軍の関与」とは正確に何であったのかを日本政府に確認してください〉

両方とも、日本政府がきちんと慰安婦問題を否定するように導くための、謂わば「誘導尋問」のような質問でした。日本政府が私たちの質問に対してどう答えるのか。また、慰安婦問題の真実をしっかりと訴えてくれるのか。期待が高まる中、2月16日の対日審査を迎えました。

対日審査には6省庁（外務省、内閣府、法務省、厚生労働省、文部科学省、警察庁）で

構成された日本政府代表団が出席し、テーマに沿って、委員たちの質問に回答することで進行していきます。私たちを含めた各ＮＧＯのメンバーは、委員と政府代表団のやり取りを傍聴するだけで、発言権などはありません。

冒頭、政府代表団長の杉山晋輔外務審議官（当時）は、国連からの「質問書」に対する「報告書」の概要を説明しました。慰安婦問題については、「日本は女子差別撤廃条約に、１９８５年に締結した。従って、85年以前に起こっている慰安婦問題を取り上げることは適切ではない」と、軽く触れただけでした。

この発言を聞き、「また、この一言で終わってしまうのか。我々は永久に国際社会での発言の場を失うことになるのではないか」と不安になりましたが、その思いはよい意味で裏切られました。

オーストリアの女性委員、リリアン・ホフマイスター氏が以下の質問をしたのです。

「慰安婦問題は人権に反している。被害者は未だ納得していない。（日韓）２国間の合意が昨年（15年）の12月になされたが、どう実行するのか。日本政府は中国やフィリピンなどの他の国の被害者にはどう対応するのか。被害者への補償や加害者訴追、日本の軍当局の責任追及はどうするのか。日本の歴史教科書の改訂はするつもりがあるのか。被害者への賠償や精神的なリハビリを行う用意があるのか」

　これに対する杉山審議官の答弁に、私は驚きました。「日本の真実」を踏まえたものだったからです。

「強制連行」「性奴隷」をきっぱり否定

　杉山審議官は、「日本政府は、日韓間で慰安婦問題が政治・外交問題化した1990年代初頭以降、慰安婦問題に関する本格的な事実調査を行ったが、日本政府が発見した資料の中には、軍や官憲によるいわゆる『強制連行』を確認できるものはなかった」ときっぱりと述べた上で、以下のように続けました。

「『慰安婦が強制連行された』という見方が広く流布された原因は、1983年、故人になった吉田清治氏が、『私の戦争犯罪』という本の中で、吉田清治氏自らが、『日本軍の命令で、韓国の済州島において、大勢の女性狩りをした』という虚偽の事実を捏造して発表したためである」

　杉山審議官は、朝日新聞の誤報についても以下のように堂々と述べました。

「この本の内容は、当時、大手の新聞社の一つである朝日新聞により、事実であるかのように大きく報道され、日本、韓国の世論のみならず、国際社会にも、大きな影響を与えた。しかし、当該書物の内容は、後に、複数の研究者により、完全に想像の産物であったことが既に証明されている。その証拠に、朝日新聞自身も、2014年8月5日及び6日を含め、その後、9月にも、累次にわたり記事を掲載し、事実関係の誤りを認め、正式にこの点につき読者に謝罪している」

また、韓国や反日勢力などの主張している「20万人」という数についても否定しました。

「『20万人』という数字も、具体的裏付けがない数字である。朝日新聞は、2014年8月5日付けの記事で、『女子挺身隊とは戦時下の日本内地や旧植民地の朝鮮・台湾で、女性を労働力として動員するために組織された女子勤労挺身隊を指す』『目的は労働力の利用であり、将兵の性の相手をさせられた慰安婦とは別だ』とした上で、『20万人』との数字の基になったのは、通常の戦時労働に動員された女子挺身隊と、ここでいう慰安婦を誤って混同したことにあると自ら認めている」

さらに「性奴隷」についても「『性奴隷』といった表現は事実に反する」と明確に否定

したのです。

最後に杉山審議官は日韓合意にも触れました。

「昨年（２０１５年）12月28日、ソウルにて日韓外相会談が開催され、日韓外相間で本件につき妥結に至り、慰安婦問題が最終的かつ不可逆的に解決されることが確認された」

「10億円程度であるが、資金を一括で拠出し、日韓両政府が協力し、全ての元慰安婦の方々の名誉と尊厳の回復、心の傷の癒やしのための事業を行うこととなった」

日本政府は国連の場で初めて、「強制連行」「20万人」「性奴隷」を否定し、朝日新聞の「誤報」と「謝罪」にまで踏み込みました。この杉山審議官の説明を受け、委員たちは少なからず衝撃を受けたようでした。中国人の女性委員である鄒《ゾウ》暁《シヤウ》巧《チヤウ》氏は、やや感情的になりながら次の質問をしました。

「日本政府の回答は矛盾している。歴史の事実に反する。慰安婦問題を否定しているのに、一方では日韓合意を認めている。もし、慰安婦問題がないのであれば、なぜ日韓合意をする必要があるのか」

これまで国際社会で反論も否定もせず、ひたすら謝罪を繰り返してきた日本政府が、いきなり意見を変えたのだから、当然の反応でした。しかし、歴史問題で日本を攻撃する中国の委員の言葉です。杉山審議官は毅然と、以下のように回答しました。

「『20万人』という数字は完全な間違いであると、その新聞社が認めているということを明確にするために申し上げた」「『性奴隷』という表現も事実に反するということをもう一度繰り返しておきたい」「御指摘は、いずれの点においても、日本政府として受け入れられるものではないだけではなく、事実に反することを発言されたという風に残念ながら申し上げざるを得ないということを明確に発言をしておきたい」

杉山審議官の発言の後、会議場には英語で「History is history!」(歴史は歴史だ!)というヒステリックな声が響き渡りました。恐らく傍聴者が叫んだのだと思いますが、声で判断する限りでは、杉山審議官の話にかなり怒っているようでした。

遅きに失した感はありますが、それでもこの日の杉山審議官の回答は、クマラスワミ報告の内容を否定しなかったことを除けば、ほぼ完璧な内容であり、日本にとっては大きな前進でした。

杉山審議官により、慰安婦問題が世界で誤解されることになった責任を押しつけられた朝日新聞は、翌日の紙面で、自社が名指しされたことについては一切触れませんでした。

一方で、朝日新聞東京本社報道局は、2月18日に外務省に対して「根拠を示さない発言」などとして遺憾であると文書で申し入れています。朝日新聞は慰安婦問題に関する記事の誤りは認めたものの、体質はまったく変わっていないようです。

英語で公表されない日本の立場

結局、対日審査で慰安婦問題に関する質問をしたのは、ホフマイスター委員だけでした。前日の事前会合での左派系NGOのメンバーによる、慰安婦問題に対して補償すべきだという意見を採用したのです。その他には、夫婦別姓を求める意見、マイノリティーの女性が差別されているという意見も採用され、日本政府に質問をしていました。しかし、山本氏と私の意見は、完全に無視されたのです。

左派系NGOの意見は採用され、私たちの意見が無視された原因は、事前審査の後に開かれたもう一つの会合にもあったと思います。これはランチブリーフィングと呼ばれる会合で、協議資格を持つ団体が、国連施設内で委員を招く形で開くことができます。この会合は、昼食を取りながら自由に意見交換をするなど、委員へのアピールの場となります。当然、その場には左派系NGOのメンバーしかいないため、私たちのことを悪く言うこともできます。

対日審査の開催日は、日本では国会の会期中だったにもかかわらず、会場では沖縄県選出の参議院議員、糸数慶子氏を見かけました。話しかけると、糸数氏はランチブリーフィングで「沖縄に米軍基地があるために、沖縄の女性の人権が著しく侵害されている」という主旨のスピーチを行ったことを私に明かしてくれました。

これまで数十年にわたり、左派系ＮＧＯのメンバーが国連などを舞台に、世界に向けた情報発信に熱心に取り組んできたのに比べ、いかに保守系がその努力を怠ってきたか、改めて自分たちの力不足を思い知らされた対日審査でした。

それでも、杉山審議官の発言を受けて、私は確かな手応えを感じていました。しかし、ジュネーブを発つ直前に、現地のジャーナリストから非常に残念な情報が飛び込んできました。

「委員会の日本政府の質疑を国連が公表しないと言っているようだ。英文のやり取りの書面はプレスにも公開しないと言っている。いま抗議をしてもらっている」というのです。

これでは、今回の画期的と言ってよい政府代表団の発言が、日本以外の国では報道されないことになります。国際社会に拡散した慰安婦問題の虚構を否定する第一歩には、到底なりえません。

　なぜこうなったのか。推測に過ぎませんが、考えられることが二つあります。

　一つは、国連という国際機関としてあってはならないことですが、委員会が政府代表団の答弁をよしとせず、葬り去ろうとしているのではないかということです。

　女子差別撤廃委員会の委員長は林陽子氏が務めています。さらに前述の鄒氏のように、歴史問題で日本を糾弾する中国人委員もいるのです。彼女たちの存在が、政府代表団の答弁の実質「非公表」という事態に関わっているのではないか、そう疑いたくなるのも当然でしょう。

　それからもう一つは、政府や外務省が実質「非公表」となることを見越して、「報告書」では慰安婦問題に関して〈政府が発見した資料の中には、軍や官憲によるいわゆる『強制連行』は確認できなかった〉の一文に留め、〝詳細〟は杉山審議官が口頭で回答をしたのではないかということです。

　もし「報告書」で「20万人」「強制連行」「性奴隷」をきちんと否定していれば、委員会の後に国連のホームページに掲載されます。しかし、口頭による発言だと、必ずしも掲載されるとは限りません。14年の「自由権規約委員会」では、政府代表団の山中修外務省人権人道課長が、「（慰安婦は）性奴隷との表現は不適切」と述べました。このときも口頭での回答だったため、国連のホームページに掲載されることはありませんでした。

確かに政府代表団は、対日審査で毅然とした態度で真実を訴えました。会議場を埋め尽くした「慰安婦＝性奴隷」を吹聴する左派ＮＧＯのメンバーは、みな不満そうな様子で、会合の後、彼らは国連内で長時間にわたって記者会見を行いました。

そのため国内の左派や反日勢力、韓国や中国などから大きな反発があるのではないかと想像していました。それだけではなく、慰安婦像の設置などで中韓と連携するアメリカの反日議員からも、何かしらのアクションがあるのではないかと考えていました。しかし、日本政府が「20万人」「強制連行」「性奴隷」を否定したにもかかわらず、国外のメディアは何も報道しなかったのです。無視したと言ってもいいでしょう。

以上のような理由から、今回の答弁内容を評価しない者が口頭発表にこだわって、国連による実質「非公表」措置に導いた疑いを私は捨てきることができません。

なぜこのようなことになったのでしょうか。

国連回答をめぐる二転三転

遡ること7カ月前の2015年7月、女子差別撤廃委員会・準備会合でスピーチを終えた山本氏と私は、帰国してすぐに、政府が「質問書」の回答を求められていることを知り、外務省などへの取材を始めました。

さらに私たちは、菅義偉官房長官を訪ね、準備会合で発言したことや、委員会から届く「質問書」の重要性について説明しました。限られた時間でしたが、この件について理解していただき、委員会に提出する「報告書」は、外務省ではなく、政府が責任を持って作成すると約束していただきました。

11月には、日本政府の「報告書」に「朝鮮半島において慰安婦の強制連行を裏付ける証拠はなかった」とする政府の立場を盛り込む方針で調整されていると聞き、慰安婦問題を明確に否定する回答になることを期待していました。

ところが、実はこのとき「報告書」の作成をめぐって、外務省内でかなり混乱があったようなのです。本来、「報告書」は11月6日までに委員会に提出する予定でした。しかし、私が11月初旬に確認すると、「11月13日（第2週の週末）までには提出する」という話をされ、提出が遅れていることが分かりました。その後、第3週になって再度確認すると、今度は「官邸との調整が済んでいない」「外務省から官邸に提出できる状態ではない」という回答でした。作業はさらに遅れていたのです。

　さすがに不安を感じましたが、報告書の作成に加わっていた教育学者の高橋史朗氏から、「概ね期待通りの内容になった」と聞かされ、さらに11月末に無事に委員会に提出されたとの情報を得て、私は安堵していました。

　それから約1カ月後の12月28日、慰安婦問題をめぐる日韓合意のニュースが飛び込んできたのです。ソウルで合意を発表する岸田文雄外務大臣の記者会見を聞き、私は以下の2箇所に大きな疑問を感じました。

〈当時の軍の関与の下に、多数の女性の名誉と尊厳を深く傷つけた問題〉と〈今後、国連等国際社会において、本問題について互いに非難・批判することは控える〉の部分です。

　まず、なぜ誤解を招きかねない「軍の関与」という言葉を入れたのか。そして、なぜ「国連等」と名指して入れたのか。女子差別撤廃委員会の対日審査を約2カ月後に控えてこの発言です。政府が何を考えているのか、まったく理解ができませんでした。

国連とは本来、政府が自発的に発言する場ではありません。すでに触れたように、人権関連の委員会は、各国のＮＧＯから意見を聴取した後で、その国の政府に回答を求める仕組みをとっています。まだまだ人権が確立されていない国は多く、政府にものが言えない市民に代わって、委員会の委員が意見を言う場です。つまり、政府は聞かれたことに答えるだけの立場なのです。

それなのに、なぜ「国連等」と語ったのか。その理由は、政府や外務省の事なかれ主義にあったのかもしれません。

15年7月の準備会合で、私たちは慰安婦問題に関して「強制連行」や「性奴隷」を否定する内容のスピーチを行いました。国連はかつてのような左派系ＮＧＯの独壇場ではなくなり、彼らはかなり不快に思っていたはずです。

これまで波風を立てず、歴史問題に関してその場しのぎの謝罪を続けてきた政府や外務省も、私たちの登場に焦っていたはずで、その焦りが日韓合意の中にあえて「国連等」と明記するに至った原因ではないか。慰安婦問題の嘘を突き崩すために立ち上がった私たち保守系を牽制することで、国連で激しい議論になることを防ぎ、自分たちが慰安婦問題に関わらずに済むよう、その防御線を張ったのではないか。そのために、わざわざ「国連等国際社会において（日韓が）互いに非難・批判することは控える」と言及したような気がしてならないのです。しかし、私たちは「非難・批判」をしているのではありません。真実を発信しているのです。

政府や外務省は、国連で議論することを避けている、私がそう疑っているのはさらに理由があります。

監視専門調査会 委員名簿

安部由起子（北海道大学大学院教授）
大谷美紀子（弁護士）
鹿嶋敬（一般財団法人女性労働協会会長）
末松則子（三重県鈴鹿市長）
二宮正人（北九州市立大学教授）
廣岡守穂（中央大学教授）
松下光恵（特定非営利活動法人男女共同参画フォーラムしずおか 代表理事）
宗片恵美子（特定非営利活動法人イコールネット仙台 代表理事）

委員会から届く「質問書」に対して、政府が作成する「報告書」は、各省庁からの報告が取りまとめられた後、内閣府の監視専門調査会で監査が行われます。監査は有識者が当たりますが、その中には一般財団法人女性労働協会会長の鹿嶋敬氏、弁護士の大谷美紀子氏、中央大学教授の廣岡守穂氏、特定非営利活動法人男女共同参画フォーラムしずおか代表理事の松下光恵氏らが入っています。ここでもまた、女性の人権やジェンダーフリーを訴えてきた人が多く選出されているのです。

もちろん、この監査には外務省の担当者も参加しています。ニューヨークで「女性の地位に関する委員会」が開催された際、政府と左派系NGOがイベントを共催したことについては触れましたが、それと同様に、政府や外務省と左派系NGOの蜜月関係を疑いたくなる話です。内閣府の監視専門調査会の実態を知り、日本政府に対する不信感がさらに強まりました。

日本の左派系NGOは、国連での発言機会やロビー活動の他に、政府に働きかける場を持っている。これは本当に深刻な状況です。そのような場を通じて、国連の施策や政府見解を自分たちの主張に近づけていくカラクリが国内にもあり、彼らは存分にそれを利用しているということだからです。

背後に潜む日韓合意

日本政府の「報告書」が議論される対日審査の開催が迫っていた16年1月末、私のもとに衝撃的な情報が飛び込んできました。「11月末に提出されたと思っていた報告書が、そもそも提出されていなかった」というのです。

この件については、ジャーナリストの櫻井よしこ氏が、2月1日付の産経新聞の連載「美しき勁き国へ」において、以下の通り報告されています。

〈差別撤廃委員会への回答は、実は、昨年（15年）11月までに完成していた。クマラスワミ報告書をはじめ国際的対日非難の勧告に、「一方的で裏打ちのない内容が記載され」たと反論し、客観的事実に基づく日本理解を求めるしっかりした内容だった〉〈ところが、昨年12月28日、日韓外相が慰安婦問題は「最終的かつ不可逆的に解決される」と合意すると、外務省が右の回答に難色を示した。「一方的で裏付けのない内容」などの「強い」表現の反論では国内の強硬論と向き合わざるを得ない尹炳世外相がもたないとして、「最終的かつ不可逆的」という合意と、国際社会では非難し合わないとの合意だけを書いた一枚紙を代替案として出してきた〉

ただ、首相補佐官の衛藤晟一氏らが異を唱え、「強制連行を示す資料は見つかっていない」という短い文章を何とか付け加えた「報告書」が提出されていたのです。

「報告書」が差し替えられた理由は、現在も分かっていません。国連のホームページに掲載されている、女子差別撤廃委員会宛の日本政府の「報告書」の最後には、〈[Note] The replies in this document (except Question 9) are as of December 8, 2015. ／

ます。

［注釈］この文書の回答（質問9を除く）は2015年12月8日現在のものです）〉とあります。

〈質問9〉とは、慰安婦問題のことです。日本政府は15年12月8日付で「報告書」を提出して、〈質問9〉だけは日韓合意後に提出したのでしょうか。具体的にどのような経緯があったのかについては、まったく分かりません。

この件を受けて、なぜ政府は日本の名誉回復のチャンスを放棄しようとするのかと、私はかなり落胆しましたが、その後、取材を進めるうちに大きな原因が見えてきました。

それは日韓合意です。日韓合意の真の目的は、アメリカをはじめとする第三国に「保証人」になってもらい、日韓両政府が合意内容をもとに、慰安婦問題を「最終的かつ不可逆的に解決する」ことにあったのでしょう。合意内容に多少の妥協はあったとしても、「解決する」ことを重視したはずです。

その合意がなされたばかりというタイミングで、女子差別撤廃委員会・対日審査が開かれました。これまでなら「謝罪した」「賠償した」と言えば済んでいたのですが、このときはそうはいきませんでした。私たちのアピールの結果、「質問書」には〈委員会は最近の公式声明から「慰安婦の強制連行を証明するものはなかった」との報告を受けた。これについて〈日本政府の〉見解を述べよ〉とあったからです。

「報告書」で「強制連行があった」と嘘をつくわけにはいきません。しかし一方で、「20万人」「強制連行」「性奴隷」を否定してしまうと、「日本が先に日韓合意を破った」と指摘される可能性があったのです。

そのような懸念が外務省をはじめ、日本政府を弱腰対応に駆り立てたのでした。現に、「真実を発言する」ことは合意の「非難・批判」には当たらないと、外務省の官僚も与党の政治家も口を揃えて言いましたが、その一方で、「いまは強く主張するタイミングではない」という見解を、この問題の担当者である外務官僚から聞かされました。

どこの国の外務省か

杉山審議官の発言後、日本では不可解なことが続きました。岸田文雄外務大臣の記者会見です。岸田大臣は毎週火曜日に定例記者会見を開いており、その内容は外務省のホームページで見ることができます。

まず、女子差別撤廃委員会直後の２０１６年2月23日の記者会見です。

産経新聞の田北真樹子記者は、「(杉山審議官が語った) 内容を今後、政府として、いろいろな国際会議とか、そういう場で説明していくのか、また、外務省のホームページの、歴史問題Q&Aというものがありますけれども、そういうところにでも掲載して周知していく考えはあるのでしょうか」と質問しました。すると岸田大臣は以下の通り答えました。

「従来から申し上げてきたことを改めて、質問を受けたので、発言したということでありますので、こうした立場、中身については、全く変化はありませんので、今後ともそういった内容については、変わりはないと考えております」

私たちは杉山審議官の発言を受けて、「日本政府がやっと反撃をしてくれた」と感じたのですが、岸田大臣は、あくまでも質問があったから答えただけであり、日本政府の慰安婦問題に関する考えは変わっていない、という見解を示したのです。

また、「こうした立場、中身については、全く変化はありません」という岸田大臣の発言の通り、外務省のホームページの「歴史問題Q&A」の欄にある「慰安婦問題に対して、日本政府はどのように考えていますか」という質問に対する回答を見ると、いまだに以下のような記述があります。

〈心からお詫びと反省の気持ちを申し上げてきました〉〈「償い金」の支給等を行うアジア女性基金の事業に対し、最大限の協力を行ってきました〉

対日審査から約半年後の16年8月、ようやく杉山審議官の発言概要のリンクが貼られたとはいえ、「お詫び」が先に掲載されていることから、日本政府の姿勢は何も変わっていないということが窺えます。

16年2月26日に行われた記者会見でも、岸田大臣のおかしな発言がありました。ジャーナリストの安積明子氏が、対日審査の際、「強制連行」や「性奴隷」が事実でないことを「報告書」に記載せず、なぜ杉山審議官の口頭での回答にしたのか、その理由を訊ねました。岸田大臣の回答は以下の通りでした。

「これは委員会において質問が出たことに対して答えていくというやり取りであります。ですから、どのような質問が出るか、これは委員会に出てみませんと分かりませんから、これはその場に応じてお答えする、そういった性質のものであります」

山本氏と私は、対日審査に出席するためジュネーブに出発する直前、国内で外務省総合外交政策局女性参画推進室長（当時）から以下の説明を受けていました。

「日韓合意に配慮して女子差別撤廃委員会への報告書には詳細は書かないが、対日審査の場で、もともと作成していた報告書の内容と同じ説明を口頭で行う。委員から質問がなくても必ず行う」

しかし、岸田大臣は記者会見で「どのような質問が出るか、これは委員会に出てみませんと分かりませんから、これはその場に応じてお答えする、そういった性質のもの」と説明しました。岸田大臣と女性参画推進室長の話は大きく異なります。

岸田外相はこの会見の中で「文書提出に至るまで様々な動きがあったとしたならば、それを踏まえて文書をつくる、これは当然のこと」とも話していました。恐らく日韓合意を踏まえての発言でしょう。世界に「慰安婦＝性奴隷」の嘘が流布されてしまった状況で、反撃のチャンスを活かそうと頑張った勢力と、それを抑え込もうとした勢力の戦いが繰り広げられたことは、想像に難くありません。

こうした政府や外務省の姿勢が、日韓合意後も次々と新たな慰安婦像を設置するなど、韓国側をつけ上がらせる一因になっているのではないでしょうか。

国連は挺対協の代弁者か

２０１６年2月の対日審査を終え、帰国をしてからの半月、日本では産経新聞などが杉山審議官の発言を報道した程度で、多くのメディアは無視しました。私自身もインターネット番組などを通して、情報発信に努めてきました。そのような中、日本に対する委員会の「最終見解」が発表される3月7日を迎えました。

正直、「最終見解」を読んで私は驚きました。

慰安婦問題について、杉山審議官が口頭で説明したことは、一切触れられていなかったのです。「強制連行」や「性奴隷」という表現はありませんでしたが、委員会は従来と同様、元慰安婦への金銭賠償や公式謝罪を含む「完全かつ効果的な賠償」を行うようにと勧告を出してきました。また、日韓合意については「被害者を中心に据えたアプローチを採用していない」と、国家間の約束事にまで口を出してきました。

これは韓国政府の主張を飛び越え、まるで「韓国挺身隊問題対策協議会」（挺対協）の意見のようです。挺対協は慰安婦問題で日本を糾弾する反日団体であり、韓国では「北朝鮮工作機関と連携し、北朝鮮の利益を代弁する親北団体」とみられています。

女子差別撤廃委員会は、真実などは重要ではなく、日本の国家と民族に焼きごてで「強姦魔」「人殺し」の烙印さえ押せれば満足なのではないでしょうか。

14年、「なでしこアクション」はクマラスワミ報告に対する反論書を国連に提出しました。しかし、女子差別撤廃委員会は、反論書に目を通しているはずですが、何の反応もなかったのです。

この反論書には、「日本の徹底調査でも、アメリカ政府によって行われた『ＩＷＧ報告』でも、慰安婦の犯罪性を確認できるものは発見されなかった」「韓国政府が強制連行を示す証拠を提示したことはない」「元慰安婦らの証言はソウル大学の安秉直教授が指摘するように極めて疑わしい」などと記されています。

対日審査のとき、私たちはこの反論書を掲載した小冊子を会議場で配布しました。その前日の事前会合では、会議場で委員長の林陽子氏の姿を見かけたため、小冊子を手渡そうとしました。しかし、他国の委員は快く受け取ってくれたにもかかわらず、林氏は「私はそういうものは読みません」とだけ言い、そのままどこかへ行ってしまいました。

林氏は準備会合や、対日審査の会場では見かけませんでした。日本が審査となる委員会では、公正を期すため、その国の委員は参加しないそうです。

私たちの資料を受け取ってくれなかったのも、ひょっとしたら公正を期すためだったのかもしれませんが、それならば、「最終見解」も公正なものであってほしかったというのが本音です。慰安婦問題において、杉山審議官の話を完全に無視した「最終見解」は、どの角度から読んでも公正なものだったとは言えないからです。

行き過ぎたジェンダーフリー

2015年8月、委員長の林陽子氏は「国連広報センター」のインタビューで、対日審査では日本政府に以下のことを求めると語っていました。

〈1つが民法改正――選択的夫婦別姓、再婚禁止期間廃止、婚外子差別撤廃、婚姻年齢の統一――ですが、もう1つが、ポジティブ・アクションを通して女性の事実上の平等を達成する措置を取ることです〉〈ポジティブ・アクションについては公職選挙に関するジェンダー・クォータ（割当）をめぐり、議員立法の動きがあり、期待しています〉

ポジティブ・アクションとは、仕事で男女間に生じている差を解消しようという取り組みのことです。過度な「女性の権利」に関する考えは、すべて「国連発」と考えてよいでしょう。男女共同参画などは、その最たるものなのです。

対日審査の数日後、女子差別撤廃委員会が、日本の皇室の男系継承は女性差別であるとして、「母方の系統に天皇を持つ女系の女子にも皇位継承が可能となるよう、皇室典範を改正すべきだ」との勧告を出そうとしていたことが明らかになりました。日本政府の抗議により、結局は削除されましたが、なぜこのような勧告を出そうとしたのか、不思議でなりません。というのは、2月の対日審査の場や、その前日の事前会合では、皇室典範に関する発言はまったくなかったからです。

対日審査終了後、委員会が「最終見解」を作成するために行った最後の議論の中で、皇室典範の話が出てきたと考えられますが、その会議は非公開のため、何があったかは委員しか分かりません。日本政府は、委員長の林氏を呼んで経緯の説明を求めてもよいはずです。なぜそれをしないのでしょうか。

拓殖大学客員教授の藤岡信勝氏や、テキサス親父日本事務局の藤木俊一氏らは、林氏の即時解任を求める署名活動を行い、16年11月、外務省を訪れ1万1532筆の署名を岸田大臣宛に提出しました。この活動に異論はありません。ただ、林氏を解任する前に、政府にはきちんと事情聴取を行ってもらいたいのです。林氏は、通常通りなら、17年2月に委員長として2年の任期を終えているはずですが、17年2月13日現在、そのような情報は届いていません。同委員会のホームページによれば、林氏の委員としての任期は18年12月まであります。委員選挙で再選を果たせば、さらに4年間、委員を務めることになるかもしれません。

藤岡氏や藤木氏の署名活動に対しては、前述した弁護士の伊藤和子氏が「Yahoo! ニュース」の連載「弁護士　伊藤和子の人権は国境を越えて」で否定的な意見を述べています。その理由として、出身国の委員は審査に加わらないということを挙げています。つまり、日本人の林氏は、対日審査には参加していないから、責任はないということです。しかし、審査に加わったかどうか、皇室典範についての勧告を入れようとしたかどうか、問題はそれだけではなく、そもそも反日的な勧告を出し続けている委員会の委員長を日本人が務めていること自体がおかしいのです。

伊藤氏は記事の中で、「最終見解」について、セクシャル・ハラスメントの他、女性の社会進出などに対して「有益な勧告が出ています」と賛辞を述べていました。

伊藤氏は現在のところは林氏の後任として、同委員会の委員となることを否定していますが、林氏と考え方が非常に近いのです。

女子差別撤廃委員会は、フェミニズムやジェンダーフリーを推進する立場の人間しか、委員になっていません。男女で役割分担をしてきた日本社会に異を唱える人物でないと、委員にはなれないのでしょう。これは、日本にとって「百害あって一利なし」ではないでしょうか。

1985年に日本でも効力が発生した女子差別撤廃条約ですが、要約すると「国の伝統・文化を壊してでも男女平等にしましょう」という条約です。そのような条約に基づき運営されている委員会は、少子化・男女共同参画の部門において法的な枠組みとしてこの条約の活用や、設定目標の達成に向けた監視制度の導入などを求めています。慰安婦問題に関する言及は、全体の勧告のごくごく一部です。

対する政府は、自国の政治的、社会的、経済的および文化的活動に女性が男性と平等に参加することに対し、残っている障害を克服するための措置を報告しなければなりません。これは2015年に成立した女性活躍推進法により、自治体や企業に課す女性の採用比率や、女性管理職の比率の定量的目標などと、内容が一致しています。まさに国連の委員会に勧告されたから、この法律をつくったとしか思えないのです。

日本は、例えば教育の分野においても、世界的に高い水準で男女平等が実現されていま
す。13年の内閣府男女共同参画局のデータによれば、高等学校等（高等学校の本科・分科、高等専門学校）への進学率は、女子は96・8％で、男子の96・2％を上回っています。また、大学の進学率は、短大を含めれば男子も女子も55・6％です。教育において男女の格差はありません。

しかし、左派勢力はこのような現状は大きく取り上げず、女性の社会進出が遅れていることばかり騒ぎ立てています。実際に「日本はまだまだ女性の登用が遅れている」「日本の職場は男尊女卑だ」と思い込んでいる日本人女性も多いのではないでしょうか。

日本は昔から多くの女性が輝いてきた国です。しかし、徐々に女性たちから輝きが失われつつあります。無理やり欧米に合わせる形で、ナンセンスな男女平等を目指してきた影響です。「男らしさ」や「女らしさ」を否定するような教育を行う学校もあり、男女平等を理由に男子生徒も「さん付け」で呼ぶ教師が増えているそうです。しかし、これが子供たちによい影響を与えるとは思えません。

左派勢力が進める「行き過ぎたジェンダーフリー」は社会を壊すだけのものです。完全な男女平等など実現できるはずがありません。女性しか子供を産むことができないからで

す。この当たり前のことから目を背けて、無理やり男女共同参画などを進めたことで、少子化問題に直面しただけでなく、家庭にはＤＶが蔓延し、離婚も増加、そして子供の貧困へと繋がってしまったのです。

国の施策において「女性が……」と、やたらと女性を中心に持ってくるようになり、女性を弱者として扱うようになりました。しかし、日本では女性が大切にされてきたのだから、欧米に合わせた施策を実行する必要などなかったはずです。

国連は英語で「ユナイテッド・ネイションズ（United Nations）」といいます。これを「国連（国際連合）」と訳したのは誤りであり、本来なら「連合国」と訳すべきでした。「連合国」とは第２次世界大戦の「戦勝国」を指しています。そのため、現在でも戦勝国は常任理事国として国連の中で優位な立場にあり、日本を「敵国条項」の対象として、白人至上主義を押しつけてきているのです。

そのような国連に、はっきりと「ＮＯ！」と言い、女子差別撤廃条約を破棄し、国内では男女共同参画基本法という悪法の廃止、男女共同参画担当大臣、内閣府男女共同参画局などの役職、部署を全廃し、日本人が日本人らしく、男女がお互いを尊重し合える社会を取り戻すことが、女性が輝く日本を取り戻す第一歩だと私は考えています。実際に国連に足を運び、委員会で発言をしてきましたが、さらにその思いを強くしました。

私はこれからも国連をはじめ、国際社会に向けて真実を訴え続けます。それと同時に、女子差別撤廃条約がいかに日本にとって害であるか、国内でしっかり声を上げていきたいと思います。

今後も、日本を糾弾する人権関連の委員会には目を光らせておかなければなりません。最終見解で皇室典範の改正を盛り込もうとし、物議を醸した女子差別撤廃委員会の対日審査は、概ね4年おきに行われていますが、特に開催時期が定められているわけではありません。16年2月に対日審査を終え、翌3月に最終見解を出したため、次回の開催は20年の東京五輪後になるのではないかと予想しています。

第5章

危機に直面する世界を見た

反日映画上映会に潜入

２０１６年11月、私はカナダ・ブリティッシュコロンビア州のバンクーバーを視察しました。同地を訪れることになったのは、視察から遡ること半年前、事務所にかかってきた一本の電話がきっかけでした。現地在住の日本人女性のＡ氏から連絡があったのです。

Ａ氏は、バンクーバーの隣町、バーナビー市で持ち上がった慰安婦像の設置計画をめぐり、韓国系住民らが「平和の少女像建設推進委員会」を発足させたことや、彼らには「韓日双方の合意」として、像設置案を提出する戦略があるということを教えてくれました。

カナダに住む日本人らの反対活動により、一度は像の設置が見送られたものの、設置案は依然としてくすぶり続けており、米ニュージャージー州やカリフォルニア州と同様、日本にとって注視しなければならないエリアであることは間違いありません。

カナダ統計局の11年のデータによると、バーナビー市の人口は約22万３０００人で、韓国系住民は約７５００人いるようです。数だけを見るとそれほど多くはないのですが、彼らは市内にコリアンタウンを形成しています。

16年に入り、新たに慰安婦像の設置予定場所として浮上した場所は、コリアンタウンにあるショッピングセンターの敷地内です。米カリフォルニア州ガーデングローブ市と同様、街中にはハングル文字の看板が多く掲げられ、実際に訪れてみると、ここは韓国なのではないかと錯覚するような街でした。

バーナビー市では、街中にハングル文字の看板が多く掲げられている

ショッピングセンターで売られている商品も大半は韓国製であり、ラベルはハングル文字で書かれていました。また、敷地内には、韓国系のコミュニティー団体の事務所も設置されています。

アメリカ、カナダなどにあるチャイナタウンやコリアンタウンには、必ずショッピングモールが設置されています。対する日本は、かつて「日本人街」と呼ばれていた街も、現在はチャイナタウンに変わっている場合が多く、日本人向けの大きなショッピングモールはありません。日本人には、中韓のような大規模なコミュニティー団体もないのです。

カナダでは、「カナダ抗日連合会」という反日団体が活動しています。この団体は、アメリカで慰安婦像の設置運動を先導する「世界抗日戦争史実維護連合会」のカナダ支部であり、慰安婦問題や「南京大虐殺」を広めているそうです。カナダでもまた、歴史問題で日本を糾弾する勢力が存在し、現地の日本人は少なからず肩身の狭い思いをしているのです。

カナダ行きを決めた私は、その日程をA氏に伝えると、滞在中にバンクーバーのサイモンフレーザー大学で、反日映画の上映会が行われるということが分かり、そのイベントに参加することにしました。

ただ、当日はA氏に加えてバングーバー在住の2人の日本人も同行したため、あくまでも「潜入」という形をとりました。イベントで私が映画に対して否定的な主張、質問をすることにより、会場で目立ってしまうと、A氏らがバンクーバーで生活を送りづらくなる危険性があるからです。

迎えた当日、イベント会場に集まった30人程度の来場者は、ほとんどが日系人・日本人でした。会場内で、後述する主催者らと親しげに話していたことから、このイベントの内容に賛同しているであろうことが窺えました。

上映されたのは、15年のドキュメンタリー映画『沖縄うりずんの雨』(OKINAWA:The Afterburn)です。映画をつくったアメリカ人映画監督のジャン・ユンカーマン氏は、完全に日本の左派の影響を受けています。その証拠に、護憲派団体「みなと・9条の会」の講演会に参加したこともあるそうです。左派勢力と連携していると言ってよいでしょう。

『沖縄うりずんの雨』は、沖縄県内で行われている米軍基地の反対運動を美化した映画です。ただ、現在の基地問題だけではなく、大東亜戦争末期に繰り広げられた沖縄戦や集団自決についても、当時を知る人の証言を交えながら触れていました。また、アメリカ人兵士による沖縄での性犯罪も取り上げ、最終的には「沖縄に米軍基地があってはいけないのだ」「基地に反対する活動家は頑張っている」と結論づけていたのです。

私が看過できなかったのは、慰安婦問題を取り上げていたことです。「日本軍がいる所に慰安所があるというのは習慣」「沖縄は最も慰安所が多かった」と解説していました。沖縄問題だけではなく、慰安婦問題を入れ込んでくる辺りに、ユンカーマン氏に入れ知恵をする左派勢力の臭いを感じました。

映画の感想は「苦痛」の一言に尽きます。監督がアメリカ人とはいえ、映画に登場する証言者の大半は日本人、それも左派的な考えを持つ人ばかりでした。そのため、旧日本軍や米軍を「悪」とする証言が目につき、私は途中で疲れを感じてしまいました。

上映後には、ユンカーマン氏の質疑応答がありました。来場者の質問に対する回答から、彼の考えがよく分かりました。例えば「沖縄米軍基地の縮小が実現する希望を持っているか」という質問に対しては、以下の通り答えていたのです。

「『(米軍基地は)沖縄に存在するべきではない』と活動を続ければ、基地縮小や撤退の可能性はある」

私が驚いたのは、「世界中の米軍基地は敵を想定して設置されていると思われるが、共産勢力などの敵性勢力と沖縄の基地との関連性を説明してほしい」という質問に対する回答です。

「日本が挙げているのは、尖閣諸島を含む領土問題であり、北朝鮮のミサイルである。これらの問題が米軍基地の存在を正当化させ、日本は米軍に安全保障上の要求をしている。しかし、日本はこれらの問題の可能性について精査・検証していない。中国は、過去に周辺の国を侵略したことなど一度もない。また、北朝鮮は核ミサイルと日本に飛ばすような自殺行為は絶対にしない。このように、日本はありもしない危機を想定して、米軍基地の存在意義を正当化している」

まるで中国政府の代弁者のようなユンカーマン氏の回答を聞いて、私も意見を言いたくなりましたが、前述の理由から目立つことは避けなければならず、黙って話を聞いていました。

映画には、第1章で触れた「アクティブ・ミュージアム　女たちの戦争と平和資料館」（wam）のスタッフも登場し、資料館で見学者に対して、かつて沖縄に存在した慰安所の地図を見せながら説明する場面がありました。また、会場では沖縄戦や基地問題を解説する小冊子が配布されました。

小冊子には、「Japanese "Comfort Stations" & US Military Sexual Violence」（日本の慰安所とアメリカ兵の性犯罪）と題された記事があり、沖縄県の地図上に、「日本軍の慰安所があった場所」と「米兵による性犯罪が発生した場所」が記されていました。そしてその地図の下には「Source: Women's Active Museum, Tokyo」（出典：wam）と記述されていたのです。

やはりwamは、このような反日的なイベントを主催する海外の団体とも繋がっているということになります。そして彼らは、「沖縄の基地反対派と手を結んで、慰安婦問題と米軍の性犯罪を一緒くたにして世界発信する」ことを目論んでいるようです。
本来、「日本軍の慰安婦」と「米軍の性暴力」は性質の異なる問題です。前者は合法的制度として存在したもので、後者は犯罪行為です。しかし、彼らは時代背景や当事者がまったく違う問題を「女性の人権問題」として混ぜこぜにして、世界に発信しています。私たちは、この二つが別問題であることを、より大きな声で訴えていかなければなりません。

このような反日的なイベントを開催した中心的な人物は、カナダに拠点を置いて活動を続ける2人の日本人です。

1人目は人権活動家の鹿毛達雄氏です。鹿毛氏は1975年にバンクーバーに渡り、現地では、人権活動を行う日本人・日系人の先駆け的な存在となりました。現在は日本人向けのタウン誌に「日系市民協会人権委員会のページ」というコラムを持ち、「難民を歓迎しよう」「未解決の慰安婦問題」「憲法9条を守ろう」といった日本国内の左派勢力と同様の発信を行っています。

2人目は平和教育団体「ピース・フィロソフィー・センター」代表の乗松聡子氏です。乗松氏は世界に向けて沖縄問題を発信しています。琉球新報でコラムを書いたこともあります。同団体のホームページを見ると、沖縄問題だけでなく、中国人慰安婦や福島原発事故に関するイベントの情報も掲載されていました。

「バンクーバー9条の会」という護憲団体のメンバーでもあり、以前は「安倍政権下での改憲の動きを論じる」という講演会も開催したようです。

両氏ともに前述の「カナダ抗日連合会」にも所属しており、カナダで反日活動を続ける中心人物と言えるでしょう。カナダで反日集会などを開催すると同時に、日本国内の反日勢力と結託して日本を貶めているのです。

映画の上映が始まる前には、乗松氏がスピーチを行い、沖縄県内における米軍の性暴力事件について、55年に沖縄本島中部にある旧石川市で起きた、米軍兵士による少女強姦事件などについて詳しく解説していました。

私が帰国した後の話になりますが、２０１６年11月末には、カナダの別の街でも大学を会場にして、『沖縄うりずんの雨』の上映会が開かれました。このときは、現地で日本文化の発信を目的に活動する日本人団体が主催したそうです。政治とは無縁の団体が主催したということで、私は不思議に思いましたが、後で確認すると、この団体は映画の内容を把握していなかったということが明らかになりました。現地でこの映画は「政治的な映画」ではなく「ジャパニーズ・ムービー」の上映会として告知されていたため、反日勢力に利用されてしまったのです。

カナダでは、アメリカと同様に「暗黒の歴史」を抱えています。大東亜戦争が始まるとアメリカや、その影響下にあったペルーやブラジルなどラテンアメリカ、そしてカナダやオーストラリアなどイギリス連邦において、日系人や日本人移民に対する強制収容所への収監政策が行われました。この法令は「すべての敵性外国人に向けたもの」だったとされていますが、実際には、日系人や日本人だけに対して行われていたことが明らかになっています。

現在もアメリカやカナダには、「日本が侵略戦争を始めたから我々がひどい目にあった」「天皇陛下が開戦したのが悪い」と考えている人が多くいます。そのような人が、慰安婦像の設置計画を推し進めるなど、反日的な活動を熱心に行っているのです。

反日勢力の国外での活動は国連のみならず、世界中で行われています。日本は危機的状況であると、改めて実感することになりました。

過度なマイノリティーの保護

慰安婦問題と関連性はないのですが、バンクーバーではもう一つ取材をしました。2016年9月、日本人留学生の古川夏好さんが遺体で見つかった事件に関する取材です。

地元警察はウィリアム・シュナイダー容疑者を逮捕しましたが、私は古川さんの遺体が発見された「ガブリオラ・ハウス」という豪邸を訪れました。

1901年に建てられたこの豪邸は、かつてはレストランとして使用されていました。地元では歴史的建築物として有名なのだそうです。15年には中国系の不動産業者が672万カナダドル（約5億2000万円）で買い取り、アパートとして改装する計画を進めているところですが、現在はまだ空き家となっています。そのため、若者やホームレスが立ち入り禁止の敷地内に忍び込み、酒盛りをしているのがたびたび目撃されていたようです。

現地を訪れたことで、事件に関する日本の報道のおかしな点に気がつきました。

あるテレビ局のニュース番組では、古川さんが通っていた英会話クラブがあるカフェと、古川さんとシュナイダー容疑者の姿を撮影した防犯カメラの位置を地図で紹介し、その約3キロ南の位置にあるガブリオラ・ハウスで遺体が発見されたと解説していました。しかし、豪邸は3キロ南の位置ではなく、実際にはバンクーバーのウェストエンド地区、デイビー・ストリート沿いにあり、カフェから極めて近い場所にあります。

デイビー・ストリートは通称「ゲイビー・ストリート」と呼ばれており、LGBT（レズビアン・ゲイ・バイセクシャル・トランスジェンダー）の人々が多く住んでいます。私も通りを歩いてみましたが、道端には、LGBTコミュニティーの象徴であるレインボーフラッグがいくつも掲げられていました。

私が最も驚いたのは横断歩道です。一般的な横断歩道は、舗装面に白の塗装で縞模様が描かれたものですが、この通りでは、横断歩道もレインボー柄なのです。

同行してくれたA氏は、デイビー・ストリートの大きな問題として、ドラッグの蔓延を挙げていました。近隣の店のトイレでドラッグを摂取する人も多いそうです。

視察中、通りに設置されたモニュメントに向かって拝んでいる若者がいたので、何のモニュメントなのかと訊ねると、「ドラッグで死んだ女性の追悼のために建てられたものだ」と説明してくれました。

デイビー・ストリートが抱える問題はドラッグだけではなく、肝炎やエイズ感染者が多くいることも指摘されています。少し歩くだけでも、治安が悪いということがよく分かります。A氏は「昼間でも一人では歩きたくない」と語っていました。

デイビー・ストリートのレインボー柄の横断歩道。治安が悪く、ドラッグが蔓延っている

現地メディアは、遺体が発見された場所はガブリオラ・ハウスだと大々的に報じていました。現地に行かなくても、インターネットで少し調べれば、この豪邸がデイビー・ストリート沿いにあるということが分かるはずなのです。しかし、なぜ日本のニュース番組は、ガブリオラ・ハウスの位置を間違えたのでしょうか。

報道の内容に問題があったのは、そのニュース番組だけではありません。他の番組でも、古川さんの行動や、シュナイダー容疑者の人物像についての解説はしていたものの、豪邸のあるデイビー・ストリートがいかに猥雑で特殊な場所であるのか、その点についてはまったく報道していなかったのです。

近年、テレビをつけると性的マイノリティーの出演者が目立つことに鑑みても、テレビ業界はＬＧＢＴに寛容です。ＬＧＢＴに対する偏見を防ぐという意味で、あえてデイビー・ストリートには触れなかったのかもしれません。

アメリカでは、マイノリティーとされるヒスパニックや有色人種が白人を悪く言っても、何も問題にはなりません。しかし、白人が彼らを悪く言うと「人種差別だ」と批判を浴びることになります。今回の報道も同様ではないでしょうか。

ＬＧＢＴの権利を保護しようとするあまり、意図的に事実を伏せていたとしたら、それは本来あるべき姿ではありません。ＬＧＢＴの人は保護され、ＬＧＢＴ以外の人が逆に差別を受けるような社会になる可能性があるからです。

親中に傾くオーストラリア

私は時間が許す限り、他国に出かけ、取材や視察を行っています。個人的に視察したい国はいくつもありますが、アメリカと同様に、慰安婦問題をめぐり深刻な状況になっているオーストラリアは、訪れなければならないと考えていました。

そして2016年5月、ついにオーストラリアに行く機会に恵まれました。

現地では、まずはシドニー近郊の街・ストラスフィールド市で慰安婦像の設置計画を食い止めた在豪日本人団体「オーストラリア・ジャパン・コミュニティー・ネットワーク」（AJCN）のメンバーから、慰安婦問題をめぐる詳しい状況を聞きました。

オーストラリアでは14年、シドニー郊外のストラスフィールド市で慰安婦像の設置計画が持ち上がりました。同市の人口は約4万人ですが、そのうち約1万人は中国・韓国からの移民です。当時、副市長は韓国系のサン・オク氏が務めており、像の設置は彼が推進していた他、中韓の民間団体も一体となって活動していたそうです。

そのような危機的状況の中、現地の日本人が市議会の公聴会で意見を述べるなどしたおかげで、設置計画は頓挫しました。しかし、その後も場所を変えては計画が持ち上がり、それを阻止するということが繰り返されてきたのです。

16年8月には、ついに「シドニー韓人会館」の敷地内に像が設置されてしまいました。

当然、中韓団体がこれで満足することはなく、さらなる像の設置に向けた動きが続いています。

同年12月には、「ＡＪＣＮ」に脅迫メールが届いていたことも明らかになりました。同団体は差出人を韓国に住む人物と特定し、地元警察に届け出ました。メールには英文で「できるだけ残酷な方法で命乞いをさせながら殺したい」などと書いてあり、殺人予告とも取れる内容でした。

このように、現地の日本人は安心して生活できないのです。しかし、オーストラリアもアメリカと同様、現地の民間人が反対活動をしているだけで、政府や外務省は特に反対意見などは表明していません。アメリカと似たような状況です。

慰安婦像の設置計画以外にも反日的な動きがあります。「ＡＪＣＮ」のメンバーから、その動きについて詳しく話を聞きました。

現在、オーストラリアでは、ノーザンテリトリー州（北部準州）で中国の反日活動が活発化しているそうです。同州の面積は日本の約３・５倍もありますが、人口は約23万人しかいません。これは日本でいえば市町村レベルの人口であり、埼玉県春日部市や東京都墨田区よりも少ないのです。

ウラン鉱山などの天然資源が豊富にある同州は、ダーウィン港に米海兵隊が駐留するなど「軍事上の要衝」です。

しかし、同州では、中国勢の存在感が増してきています。州内唯一の大学であるチャールズ・ダーウィン大学には、「中国政府の出先機関」と言われる孔子学院があります。中国人による反日的な活動も少しずつ目につくようになっており、現地の中国系団体が制作している一般企業向けのニュースレターでは、「731部隊」や「南京事件」を取り上げ、日本を糾弾しているのです。

これらは中国政府肝いりの反日活動なのでしょう。地元の民間団体は、中国政府や中国系企業から多額の活動資金を得ているという話もあるようです。

最も懸念すべきことは、長年のロビー活動により、中国人が州政府に対しても大きな影響力を持つようになったということです。それだけではなく、州政府で働く中国人も増えています。

12年夏、親日家のテリー・ミルズ氏が州政府の首席大臣に就任すると、すぐに地元ではバッシングが始まりました。普段はワニとUFOの話ばかりを1面に持ってくることで有名な地元の新聞、NTニュース紙が、ミルズ氏のみならず、アドバイザーを含めたすべての取り巻きのゴシップまで取り上げる異常さだったそうです。

ミルズ氏の支持率が落ちていく中、辞任に追い込もうとする試みが何度かありました。決定的となったのは13年3月です。ミルズ氏はそのようなタイミングでオーストラリアを離れるべきではなかったのですが、「国際石油開発帝石」（インペックス）の招待を受けて来日しました。インペックスは、オーストラリアやアジア、中東など世界20数カ国で石油・天然ガスの開発を行う日本企業で、東京都港区に本社があります。

ミルズ氏は日本視察の折に建設会社「日揮」の本社も訪問し、そのときに首席大臣解任の報を受けました。日本では考えられないことですが、オーストラリアでは、州の首席の不在時に、議員たちが勝手に選挙ができる制度があるようです。

その後、同州で実権を握ったのは、中国寄りで知られるデービッド・トールナー氏だったのですが、オーストラリアの首相が親日的なトニー・アボット氏だった間は、目立った動きはありませんでした。

アボット氏とミルズ氏は、政策だけでなく、個人的にも親しくしていたようです。どちらも敬虔なクリスチャンで、宗派も同じだったといいます。ミルズ氏は親日家であり、インドネシア語を話し、台湾を応援すると公言していました。また、アボット氏が反共産主義者だったため、当時のオーストラリアは、中国とは距離を取っていました。

ところが15年9月、首相が中国寄りのマルコム・ターンブル氏に代わると大きな動きがありました。インフラ関連の中国企業「嵐橋集団」に約5億豪ドル（約430億円）でダーウィン港を99年間リースすることが決まったのです。この企業は人民解放軍と繋がりが深く、「人民武装民兵部隊」という私兵まで所有していると言われています。

ダーウィン港には米海兵隊が駐留しています。にもかかわらず、オーストラリアはアメリカに相談もなく、中国企業にリースすることを決定したのです。この件に対しては、バラク・オバマ米大統領（当時）も懸念を示しました。

ちなみに、海上権益支配を目指す中国は、伊豆諸島から小笠原諸島、グアム、サイパン、そしてパプアニューギニアを結ぶ「第2列島線」を引きましたが、その南端に位置するのがダーウィン港です。

嵐橋集団にリースするのは、フォートヒルと呼ばれる軍事・商業港ですが、同じくダーウィン港のストークヒルというエリアには、政府観光局の主導で、第2次世界大戦中の日本軍によるダーウィン空爆を3Dで疑似体験できる観光施設がつくられるという計画が発表されました。

前述のデービッド・トールナー氏は、16年の選挙に向けての候補者選挙で落選しましたが、代わって首席大臣となったアダム・ジャイルズ氏は「ダーウィン港の中国企業へのリースはまったく問題がない」と主張し、批判に耳を貸さないそうです。

州政府は、17年の「ダーウィン空爆75周年」に向けて、キャンペーンの準備を進めています。それと同時進行で、中国からの観光客誘致作戦を行っています。二つを組み合わせることによって、日豪離間の反日工作が展開される可能性があるため、日本は注意が必要です。

近年、オーストラリアの貿易量の1位は中国ですが、同州に限っては、日本が1位です。しかし、日本企業は州政府にまったくと言ってよいほど影響力がありません。

将来、南シナ海が中国に完全に占領され、中東から日本へLNG（液化天然ガス）を輸送するシーレーンが遮断されてしまった場合、日本は同州近くのルートを確保しておくことが極めて重要になります。しかし、ダーウィン港まで中国に握られ、仮に封鎖されてしまったら、日本の輸送手段は絶たれることになるでしょう。

中国は南シナ海のみならず、オーストラリアでも影響力を拡大しています。政党を問わず、連邦政府や州政府の議員に、大量の中国マネーが流れ込んでいるという噂もあります。このまま豪中が親密になると、有事の際に日米豪の連携がスムーズに機能するのか、大きな疑問を感じます。日本にとっては安全保障上、極めて深刻な事態に陥ることになることは間違いありません。

現地の日本人からは、「大使館や領事館が、このような事態を把握して対応しているのか、よく分からない」という声もありました。オーストラリアの大使館や領事館は、民間団体とよく連携していると聞いていますが、「在豪日本人をとことん守る」という本来の存在意義に基づいて、日本人のために活動してほしいものです。

日本企業に対する不可解な抗議デモ

インペックスがオーストラリアで進めているLNG（液化天然ガス）の開発「イクシスLNGプロジェクト」をめぐり、きな臭い動きがあります。

2016年3月上旬、同プロジェクトに従事する約450名から500名の労働者が「職場が危険で辛い！」と、ダーウィン市内をデモ行進しました。その模様は、地元のマイニング（採掘）業界紙が報じましたが、実に不自然なデモだったそうです。

オーストラリアは、労働者を守るための安全管理に厳しい国です。怪しい業者ならまだしも、日本の大企業であるインペックスが安全基準を疎かにするとは考え難いと思います。現にインペックスは「安全第一を最優先項目として掲げ、州の健康・安全基準に即した労働条件を設定し、起こった事故についてはすべて現地会社のサイトで報告している。これらはすべて法に準拠している」とコメントしています。

業界紙の記事によると、デモ参加者は以下の訴えをしているそうです。

「『FIFO』(1週間から数カ月の連続勤務の後、数週間の休みを取得するオーストラリアのマイニング産業特有の業務形態)がきつく、家族に会えないストレスも大きいから、西オーストラリア州で最近採用されるようになった『20日勤務・10日オフ』のシステムを導入しろ」「週末は家族と過ごせるように、地上での仕事を増やせ」

しかし、従業員はもともと「FIFO」という労働条件を呑んで契約したはずであり、インペックスがデモ参加者の要求に応じないのは当然なのですが、地元メディアは「インペックスは聞く耳を持たない」と批判しているのです。

4月半ばには2回目のデモがありました。これにはインペックス側も驚いたようです。労働者が労働条件に不満を持てば、会社に対する愚痴などが漏れ聞こえてくるはずです。ところが、普段は不満も言わずに真面目に働き、休日になると、のぼりや旗を掲げ、シュプレヒコールを上げながら大通りを練り歩くのだから、とても不自然です。誰かが裏で扇動している可能性は十分にあります。

労働者の中には、職務を全うするよりも、できるだけ長く雇用してもらいたいがために、仕事を先延ばしにしている人もいます。そのような人は、デモの目的が「工期延長」なのだから、インペックス側が妥協すればさらに要求を増してくるでしょう。それでも要求をはねつければ「日系企業は話し合いをしない」と叩かれるのだから悪循環です。

同州には、もともと日系企業に厳しい風土はありませんでした。「イクシスLNGプロジェクト」を誘致したのは、01年から07年まで首席大臣を務めたクレア・マーチン氏（労働党）です。ガス油田は西オーストラリア州に位置していましたが、同州の「レッドテープ」（細かすぎる規則、煩雑な手続きなどお役人仕事による非効率な状況）があまりにひどかったため、プロジェクトが頓挫しかかっていました。

そこでマーチン氏は単身インペックス本社に乗り込み、北部準州の小さな政府だからこそできる優位な条件を提示し、プロジェクトをダーウィンへ誘致したという流れです。

その後、12年に州政府の総選挙が行われ、政権は労働党から地方自由党に移りましたが、首席大臣に就任したテリー・ミルズ氏が親日家だったこともあり、労働党が提示した好条件を引き継ぐ意思を示しました。ところが前述の通り、アダム・ジャイルズ氏が首席大臣になると、日本企業との関係は一気に悪化したのです。

人口約23万人の同州は規模が小さいため、一人ひとりの権限が大きく融通も利き、ネットワークが密で情報伝達が速いというような強みがあります。しかし、逆に言えば適当でいい加減な面があるそうです。例えば、観光ビザで滞在しているのに自動車免許を取得し、それを元にオーストラリアの国際免許証を取得した日本人もいるといいます。

ところが「イクシスLNGプロジェクト」に関しては、すべてが杓子定規で、規則を厳しく守らなければならず、インペックスは雁字搦めです。ダーウィンに住む人なら誰もが感じる、状況に応じて対応する臨機応変な現地の人の特徴は、日系企業には見せてくれません。それでも真面目な日本人は「大目に見てくれ」「融通を利かせてくれ」と頼むこともできず、理不尽と思えるような要求にも黙々と従いながら、工事を進めているそうです。

特に工事現場への出入りは厳しく、朝に現場に入り、夕方に出ていく以外、出入りは認められず、お昼時の食事のケータリングができないため、昼食を忘れたら買うこともできません。小さなことですが労働者のストレスは溜まることでしょう。

インペックスの工事はすでに遅れており、16年末だった生産開始予定を17年第3四半期まで延ばし、投資額も10%増やすことを決定しました。このまま労働者による抗議デモが続けば、さらに工期が遅れることは必至です。

この状況を解決するには、政治家など地元の有力者に仲裁を頼んだり、メディアを味方につけるなどの対策が必要ですが、それは日本人が苦手とする分野でもあり、なす術がない状況です。

空爆記念式典に芽生えた反日

1942年2月19日、日本軍は真珠湾を攻撃した同じ艦隊で、ダーウィン港を攻撃しました。攻撃は42年から43年にかけて64回にわたりました。

最初の攻撃でのオーストラリア側の犠牲者が243名だったということはよく知られていますが、これは初日の2回の攻撃によるもので、それ以降の攻撃で合計1500名以上の方が亡くなっています。一方、日本側にもパイロットら空爆時に亡くなった兵士が400名から500名程度いました。ダーウィン空爆1カ月前には伊124号（潜水艦）

が撃沈され、乗組員80名余りも亡くなっています。しかし、多くの日本人戦没者がダーウィン沖に眠っていることは、日本ではあまり知られていません。

ダーウィン空爆が始まった日である2月19日には、「ダーウィン空爆記念式典」が開催されますが、私はオーストラリア訪問時に、毎年式典に参加しているという日本人から、「16年の式典である変化に気がついた」という話を聞きました。

15年までの式典では、ダーウィン市長や州首席大臣らが、国を守るために戦った人に敬意を表すると同時に、戦後のダーウィンが多文化都市として繁栄してきたことが強調されていました。例えば15年、同州多文化共生大臣のピーター・スタイルズ氏が行ったスピーチは、以下のように素晴らしいものでした。

「私たちは過去を忘れてはならないが、もっと大事なことは和解だ。今日は日本の総領事も来られている。過去は過去で、未来へ向かわなければならない。理解を深めることにより再び争いが起こることを防がなければならない。私は今年の1月にハワイの真珠湾に行ったが、ツアー客の半分は日本人であった。みんな過去を乗り越え、昔何が起こったかを知るためにそこに来ていた。しかし、ここダーウィンに日本人を見ない。真珠湾攻撃と同じ艦隊がダーウィンにやってきたのにだ。ここには伊１２４号も沈んでいて、戦士の墓場であり神聖な場所として我々は保護している。73年前は敵だったが、いまは同盟国であり良き友である。敵であったとしても和解し、前へ進むことができる」

以前は「ダーウィン港を攻撃した国の出身」という気まずさから出席しない日本人も多かったのですが、近年は日本人の参加者も増えてきたといいます。とりわけ日豪のカップルが「自分たちの子供たちが両親の母国の犠牲者を慰霊する機会になれば」と願って参加するようになっているのです。

しかし、16年の空爆式典は少し雰囲気が違ったそうです。首席大臣のアダム・ジャイルズはスピーチで「人々の肌は皮がむけ、市民が焼き殺され」というフレーズを使い、空爆時の被害の様子を描写したのです。その場でスピーチを聞いたという日本人は、「このように生々しく、かつ未来に繋がらないスピーチは初めてで、いたたまれない気持ちになった」と語っていました。記念式典には「反日的な空気」が出始めているのです。

戦後、日豪両国は良好な関係を続けてきました。にもかかわらず、徐々に日豪関係は悪化しています。現状を受け止め、日豪関係はどうあるべきかについて、今後も考えていきたいと思います。

ベトナム人大虐殺

2015年10月、私はジャーナリストの井上和彦氏らとともにベトナムを訪れました。この視察の大きな目的は、ベトナム戦争時に韓国軍の兵士が虐殺を行った村で、当時を知るベトナム人から話を聞くことでした。

ベトナムの首都・ハノイに到着した私たちは、飛行機で中部・ダナンへ移動し、空港からはバスに約3時間乗り、米軍による虐殺事件があったソンミ村を見学しました。村内の記念館に展示されている犠牲者の遺品や、生々しい銃痕が残ったココナッツの木を前に、ただ手を合わせることしかできませんでした。

次に私たちは車で1時間あまり移動し、のどかな田園地帯に残るクアンガイ陸軍中学跡を探しました。記念館などがあるわけではないため、見つけるまでに時間がかかりましたが、ベトナム人のガイドが住民に聞き込みをしてくれ、何とか日が暮れる前に到着することができました。

クアンガイ陸軍中学は、ベトナムで初めて設立された指揮官養成学校です。

1945年8月15日に日本は敗戦しましたが、約800人の日本軍将兵はそのままベトナムに残り、インドシナ半島を支配しようとするフランス軍と戦っていました。そして、当時のホー・チ・ミン国家主席が日本軍将兵らに指揮官の養成を願い出たことにより、48年に日本陸軍の将校と下士官が教官・助教官を務める士官学校ができました。

私たちがクアンガイに到着すると、「誰が来たんだ?」と一斉に人が集まりました。彼らの話によれば、クアンガイに日本人が来たのは初めてだといいます。日本ではクアンガイ陸軍中学の歴史は知られておらず、訪れる日本人がいないのでしょう。学校の跡地には石碑が建てられており、村民たちはいまだに花を添えるなど、綺麗に管理してくれていました。彼らは日本軍に感謝をしているのです。

クアンガイ陸軍中学の跡地には大きな石碑が建てられ、現在もきちんと管理されている

このような話はベトナムだけではありません。例えばインドネシアでも、大東亜戦争が終わった後、再植民地化を狙うオランダが攻め込んできました。しかし、インドネシアは戦い抜き、国を守り抜きました。その陰には日本軍の

助けがありました。そのため、インドネシアにも日本人兵士の慰霊碑がいくつもあります。

クアンガイを訪問した翌日は、ベトナム戦争時、韓国軍による虐殺事件があったミントンミエン村やタイドクラン村を訪れました。

このような村はベトナム国内に10数箇所あり、子供からお年寄りまで多くのベトナム人が犠牲になりました。

私たちが訪れた村は、ソンミ村のように記念館が設置されているわけではなく、普段は観光客が訪れることがない小さな村です。ただ、村内には慰霊碑が建てられており、犠牲者の名前や年齢、性別などがしっかりと刻まれていました。

虐殺があった10数箇所の村はどれも農村地帯にあり、牛や鶏が歩いているようなのどかな場所です。当時、韓国軍にどのような軍事目的があってこのような農村地帯に来たのか、なぜ村民を虐殺したのか、その理由は分かりません。犠牲者たちも、なぜ自分が殺されるのか、理解できないまま亡くなっていったのではないでしょうか。村民からも、「韓国軍とベトコンが交戦した」というような話は聞けず、韓国人兵士による蛮行の話ばかりで、殺戮のための殺戮が行われたとしか思えませんでした。

タイドクラン村で写真を撮っていると、1人のベトナム人男性が私たちのもとに来ました。ガイドを通じて話を聞くと、この男性は、66年に村が韓国軍に襲撃されたときの被害者でした。当時は6歳で、母と妹が犠牲になったそうです。すぐそばの建物を指しながら「あの辺りで殺されました」と教えてくれました。彼自身も背中と脚に銃撃を受けたのですが、地面に横たわる死体の山にまぎれることで、一命をとりとめることができたそうです。しかし、体には生々しい傷痕が残っていました。

私は「いま韓国やアメリカに対してどのような感情を抱いていますか?」と質問しました。すると彼は「あれは戦争中のことだったので、いまは何とも思っていません」と答えたのです。この感覚は日本人と似ていると感じました。日本は45年8月、広島と長崎に原爆を落とされましたが、現在はアメリカと良好な関係を築いています。確かに原爆投下で多くの日本人の命を奪ったことには怒りを感じます。しかし、アメリカ人一人ひとりに対して怒りはありません。きっと彼もそれと同じような感情を抱いているのだろうと思います。

ベトナムの二つの人権問題

ベトナム取材には、もう一つ大きな目的がありました。サイゴン（現・ホーチミン）にあった「韓国軍の慰安所」の場所を突き止めることです。

韓国軍の慰安所については、『週刊文春』2015年4月2日号で、TBSワシントン支局長（当時）の山口敬之氏が〈米機密公文書が暴く朴槿恵《パククネ》の〝急所〟韓国軍にベトナム人慰安婦がいた！〉という記事を寄稿し話題になりました。

ベトナム戦争時、韓国は「トルコ風呂」(Turkish Bath) という名称の慰安所を設置し、ベトナム人女性に売春をさせていたことが、米公文書で明らかになったのです。そこで私たちは、取材最終日にホーチミンを訪れ、慰安所があった場所を突き止めました。

ホーチミンでは必ずしも英語が通じるわけではなく、慰安所は街の中心の雑多なエリアにあるため、ガイドの力がなくては見つけることはできなかったでしょう。

現在、建物の1階は小さな洋品店になっています。慰安所があった2階の部分は使われておらず、暗くなってからも、電気はついていませんでした。何とか建物の中を取材できないものかと、周辺にいた人にも話を聞いたのですが、私有地であるということが分かっただけで、中に入ることはできませんでした。しかし、外から見る限りでは、改装された形跡はなく、当時の状態のまま残っているようでした。ガイドが近隣住民に聞き込み調査をしてくれ、「戦時中は軍服を着た韓国人兵士が車で通っていた」という話を聞くこともできました。

ホーチミンにある韓国軍の慰安所の跡地。１階は洋品店になっている

韓国軍はこのような慰安所を設置していたにもかかわらず、兵士たちは虐殺を行った村で多くのベトナム人女性に性的暴行を加えました。そうして生まれた混血児「ライダイハン」は、ベトナム国内に数千から数万人いると言われています。

大東亜戦争時、日本軍にも慰安所はありました。衛生管理や慰安婦たちの身を守るという意味で、軍が関与していた部分もあります。その目的は、性病の蔓延を防ぐ他、他国の兵士のように、現地の女性を強姦するなどのトラブルを防ぐことにあったのです。

戦時中、日本軍はアジア中に進出していましたが、ライダイハンのような大きな問題は生じませんでした。しかし、韓国軍は慰安所を設けながら、多くのベトナム人女性を強姦したのです。妊娠は、それほど簡単にするものではありません。にもかかわらず、韓国人兵士とベトナム人女性の間には、たくさんの子供ができています。兵士たちは、どれだけひどい行いを繰り返したのでしょうか。

私は議員時代の14年7月にも、衆議院予算委員会理事会の視察でベトナムを訪れました。その際、同行していた自民党のベテラン議員に「ベトナム戦争時の韓国軍の蛮行について、ベトナム政府や日本大使館の職員に質問してもいいですか」と聞きました。すると、この議員は「どんどん訊ねればいい」と背中を押してくれたのです。

その言葉通り、視察中は質問をしたのですが、余計な外交問題にしたくないからか、大使館の職員はあからさまに嫌な表情を浮かべました。これは予想通りの反応でした。しかし、残念だったのはベトナム政府要人の反応です。彼らは、質問をはぐらかすような返答しかしてくれなかったのです。

ベトナムは韓国から経済支援を受けています。そのため、韓国軍の蛮行やライダイハンの問題を把握していたとしても、それを外交問題にはできないという事情があるのかもしれません。ただ、15年10月に朴槿恵大統領が訪米したときには、韓国人兵士から暴行を受けたベトナム人女性らが現地でデモを行いました。また、米ウォールストリート・ジャーナル紙に、被害者に対する公式な謝罪を朴大統領に求める広告を掲載しました。とはいえ、これは在米ベトナム人による活動であり、ベトナム国内にいるベトナム人は何もしていません。

ベトナムは、ライダイハンの他にもう一つ、女性の人権問題に直面しています。14年7月の視察時に、日本の青年協力隊の女性隊員と話す機会がありました。彼女はベトナムで女性支援プログラムの活動をしていました。

ベトナム人女性はよく働きます。家計を支えている女性も多く、日本企業がベトナムに進出すると、9割は女性を雇うのだそうです。そのような事情を知っていた私は、なぜベトナムで女性支援プログラムが必要なのだろうかと疑問に感じ、理由を聞いてみました。すると、驚くべき答えが返ってきたのです。

ベトナムは中国と国境を接しています。そして国境沿い地域では、中国人によるベトナム人女性の拉致事件が相次いでいるのです。拉致された女性は、中国国内で性奴隷のような扱いを受けているといいます。ベトナムの警察は、国境を越えて女性の身柄を取り戻しています。しかし、傷ついた女性はすぐに社会復帰ができません。青年協力隊は、そのような女性を支援しているという話でした。

これは過去の話ではなく、現在進行中の話です。それなのに、なぜ国連はこの問題の解決に取り組まないのでしょうか。慰安婦問題で日本ばかり糾弾するのは不公平です。ベトナムが抱える問題は、私たち日本人ではなく、ベトナム人が取り組まなければなりません。ただ、歴史の真実を知ることには意味があります。ベトナム取材と帰国後の情報発信は有意義だったと思います。

第1章でも触れた韓国映画『鬼郷』は、韓国で観客動員数が300万人を突破するほど大ヒットしました。ユーチューブで予告編を見ましたが、日本軍の兵士が朝鮮人女性に暴行をくわえているシーンがありました。しかし、そのような行為は、ベトナム戦争時に韓国軍の兵士が行ったことなのではないでしょうか。それが「日本軍の蛮行」として描かれており、まるで真実であるかのように世界に喧伝されています。

歴史の真実を知っていれば、『鬼郷』のような映画を見たときに「これは韓国軍がベトナムで行ったことではないか」と指摘できます。しかし、戦後に生まれた韓国人の多くは、自国の歴史の真実すら教わっていません。「日本は戦時中にひどいことをした」と信じ込んでいる人が多いのです。

私はよく「国の物差し」の話をします。

人は物事を見る際に、自分の物差しでしか測ることができません。2600年以上の歴史を持つ日本の物差しは長く、何度も支配者が代わった中国や、70年程度の歴史しかない韓国の物差しは極めて短い。そのため、日本には中韓の物差しでは測れない部分が生じます。しかし、中国人や韓国人は、自分たちの物差しで測ろうとします。測れない部分は、中韓の知識に無理やり当てはめ、「日本軍もひどいことをしたはずだ」という結論に至ってしまうのです。

日本人ほど長い物差しを持っている国は少なく、欧米も中韓の主張の方が理解しやすい。侵略や奴隷狩りなど野蛮な歴史を歩んできたからです。だから「日本軍は朝鮮半島で20万人の若い女性を強制連行して性奴隷にした」という話は受け入れやすく、逆に「日本軍には厳しい規則があり、日本軍の兵士はそれを遵守した」という話は信じられないのでしょう。

このような事情から、日本が「慰安婦は性奴隷ではなかった」と訴えても、理解してもらうことは難しい。国連などの場で慰安婦問題を語るたびに、それを痛感しています。

男女同権が新たな問題を生む

女性の社会進出と社会福祉の充実を理由に、「北欧の国々を見習うべきだ」という声は日本でも多く、女性活躍推進法に見られるように、安倍政権も参考にしていると思われる部分があります。

子育てや介護を国が担うことで、女性の社会進出が進むと、いったいどのような状況になるのか。その実態を探るため、２０１６年10月にデンマークへ視察に行ってきました。

デンマーク滞在中、私たちは自治体の首長、元国政大臣、公的機関、教育機関など、さまざまな立場の人から話を聞きました。協力してくれた方々は、デンマークのよい部分ばかりでなく、問題点もきちんと教えてくれました。

日本では「女性が家庭と仕事を両立できれば少子化が止まる」という声を頻繁に耳にします。しかし、それは大きな間違いです。結論から言えば、家庭と仕事が両立できても、少子化の解決には繋がらないということが、この視察でよく分かりました。

デンマークには98の基礎自治体があり、11人の女性市長がいます。私たちはそのうちの一人であるヘルシンギョア市のベネディクテ・キエア市長と面会しました。キエア市長の前職は国会議員で、大臣の経験もあります。市長に就任されてから42歳で出産し、その際には育児休暇を取得したそうです。

キエア市長は「デンマークでは女性の社会進出が進んでいるものの、男女が平等という考えはない」と語っていました。この点は日本も学ぶべきです。近年の日本では、過度な男女同権を訴える人が増えていますが、男女が完全に平等になることなどは不可能です。それはデンマーク人もよく理解しており、だからこそ、各職業における男女比の偏りを解消することを目的とした「クォータ制」（割当制度）は採用していません。

デンマークでは女性管理職や女性政治家など意思決定に関わる職業に就く女性は増えていないそうです。その理由をキエア市長に訊ねましたが「分からない」という回答でした。

クォータ制を導入して無理やり男女比を五分五分に近づけるべきではありません。それはかえって男女平等に反することになります。それだけではなく、やはり職業には向き不向きがあると思うのです。

視察では「クビンフォ」も訪れ、代表のスザンヌ氏の話も聞きました。クビンフォとは、平等と多様性を掲げ、女性の権利向上や社会的マイノリティーの社会進出を推進している団体です。

スザンヌ氏からは「男性の収入に頼って生活している女性はいない」という説明を受け、私は、デンマークには専業主婦はいないのかと、突っ込んだ質問しました。スザンヌ氏の回答は以下の通りでした。

「一部のセレブにはいる。個人的見解だが、これだけ頑張って女性の社会進出の基盤を整えてきたのに、専業主婦になりたいという女性がいると、はっきり言って困る」

実際には、デンマークにも専業主婦は存在するし、専業主婦になりたいと望んでいる女性もいるそうです。

管理職については、キエア市長と同じ問題意識を持っており、「制度に欠陥はないのに女性管理職が増えない」ことを課題に挙げていました。

成年教育機関「フォルケホイスコーレ」のオーレ校長（男性）からも話を聞きました。フォルケホイスコーレとは、デンマーク特有の教育機関です。デンマーク人は18歳で高校を卒業すると、国から月に10万円弱の給付金が支給され、約5年間の「モラトリアム」

に社会経験を積むことになります。その後、23歳から29歳の間に大学に通うのが一般的なのです。ただ、モラトリアムにやりたいことが見つからない若者も少なくなく、そのような人が「自分探し」のために通うのがフォルケホイスコーレです。

オーレ校長は、女性の社会進出が進んだことで生まれた弊害を、以下のように包み隠さず語ってくれました。

「女性の地位向上や男女平等により少子化が進んだ。デンマークでは、晩婚や離婚の増加が問題になっている」

さらに女性管理職や女性政治家が増えない理由については、「女性と男性の意識の差ではないか」と分析していました。

女性の社会進出を支える制度が充実していると言われるデンマークですが、少子化や晩婚化が深刻な状況なのは事実であり、一部の日本人が北欧に描いている理想とはかけ離れた状況といえます。

理想とされるデンマークの福祉の罠

デンマークでは、男女ともに育児休暇が取得できるなど、女性の社会進出を支える基盤が確立されています。

独自の育児休暇が設けられた経緯については、現職の議員であるアストリッド・クラウ氏から話を聞きました。クラウ氏は中道左派の社会民主党に所属する前保健大臣（日本の厚生労働大臣に相当）で、3児の母です。大臣在任中に妊娠、出産を経て、育休を取ったものの、国民の反応は概ね好意的だったそうです。

クラウ議員は以下のような話をしてくれました。

「男性の育休は『女性ばかり休めてずるい』と男性の国会議員が言い出したことから始まった。しかし、育休を取る男性の国会議員はまだまだ少ない」

地方自治体を管轄する団体「コーエル」でも育休について取材をしました。コーエルは日本の総務省のような役割と労働組合のような役割を担う組織で、スタッフからの説明を受けました。

デンマークでは子供ができると、夫婦で計1年の育休を取ることができます。内訳は母親が6カ月、父親が3カ月、残りの3カ月は父母のどちらが取ってもよいという決まりになっています。実際には母親が取ることが多く、母親が9カ月、父親が3カ月の育休を取るのが一般的なのだそうです。話をしてくれたコーエルのスタッフは、「この差が縮まらないと男女平等とは言えない」と訴え、クラウ議員も同様に「育休の男女差が問題だ」と語っていました。

私は、男女差があるのは当然だろうと感じました。育休まで男女平等にする必要などないし、男性が育休が取れるようになったからといって、少子化が止まるとも思えません。デンマークでは、生後4カ月までは可能な限り母乳を与えるよう指導されるそうです。日本だと「母乳が出ない人もいる」と問題になりそうですが、大臣在任中に出産したクラウ議員も例外ではありませんでした。

まずはクラウ議員ご自身、次にデンマークで有名なラップシンガーであるご主人が育休を取りました。そのため、海外出張中にはご主人が赤ん坊を連れて随行し、クラウ議員は公務の間に授乳していたといいます。

クラウ議員は「女性が活躍できるかどうかは選ぶパートナーにかかっています」と話し

ていました。

しかし、私が改めて訴えたいのは、男女は別だということです。男性は授乳できません。生まれた赤ん坊が卒乳するのは生後10カ月前後であり、それまでは、母親も授乳をしないと胸が痛くて堪らなくなります。これは、「生まれたばかりの赤ん坊と母親が離れるべきではない」と体が教えてくれているのです。だから、デンマークのように男女の育休を無理やり規定するよりも、母親のみが1年間の育休を取れる日本のシステムの方が道理にかなっているはずです。その分、父親が頑張って働けばよい話です。

クビンフォのスザンヌ氏は、子育てや介護について、以下のように語っていました。

「女性がすべてをできるはずがない。できないことは行政に任せればよい」

デンマークではこの考えを実現させるための仕組みが確立されており、すべての子育て家族が生後6カ月から赤ん坊を保育所に預けることができます。専業主婦の家庭も利用できるというのだから驚きです。当然、待機児童などはいません。

介護も行政が担います。18歳で扶養義務が終わり、子が国からの給付金や、アルバイトなどで生活を送るようになるデンマークでは、基本的には二世帯同居はあり得ません。多くの高齢者は自宅介護という形で行政からケアを受けています。子供たちは介護をする必要はなく、高齢者自身も「子供の世話にはなりたくない」という気持ちが強いそうです。

子育ても介護も国が負担するデンマークでは、家族観も日本人とは大きな違いがあるはずです。そこで私はクビンフォのスザンヌ氏に、「デンマーク人にとって家族とは何なのか」と質問をしました。すると彼女は以下のように答えました。

「楽しいときに集うのが家族で、それ以外のときは別々だ。親しい友人に近い」

確かに日本でも、友人のような関係を築いている親子もいます。しかし、日本人にとっての家族は、もっと深い絆で結ばれているものです。デンマーク人の考えとは相容れないと感じました。

女性の社会進出や男女同権などについて、日本は国連などから勧告を受けています。14年7月の自由権規約委員会の対日審査では、クォータ制の導入も求められました。国内でも左派勢力を中心に、それを望む声が大きくなっています。そのような状況を見ていると、過度な男女同権を求める勢力は、日本の家族制度を壊そうとしているのではないかと疑ってしまいます。

戦前の日本が強かった理由は、皇室と家族の存在にありました。皇室があるために、いざというときには一つになれるのです。さらに日本人は、欧米人のように個人を優先するのではなく、常に家族を重んじてきました。だから国家として強かったのです。

ところが近年は、夫婦別姓や嫡出子と非嫡出子の相続の問題、LGBTなどの問題を見ても、「いろいろな家族の形態があってもよい」という欧米の考えが浸透しつつあります。本来、家族というのは、ご先祖様がいて、祖父母がいて、父と母がいて、その間に子供がいるものです。しかし、父と父の間に子供（養子）がいる家族でもよいではないか、父の姓は「杉田」で母の姓は「吉岡」でもよいではないかという考えが、急速に広まっているのです。日本の家族制度を解体するような考え方は、必ず日本の弱体化に繋がります。だから私は懸念しているのです。

デンマークは16年、国連の「世界幸福度レポート」で1位を獲得しました。「デンマークに生まれて良かった」「子や孫に素晴らしいデンマークを引き継ぎたい」と感じている国民が大半です。問題に直面しても、官民一体となり、その課題を克服していこうという明確な意志を持つ国なのです。デンマークが素晴らしい国であることは間違いないでしょう。

ただ、日本が学べることは多くはありません。福祉サービスや社会システムが素晴らしいからといって、「日本も真似るべきだ」と短絡的に考えるのは危険です。日本の文化や伝統を壊すだけの結果になりかねないからです。日本と北欧の歴史や文化の違いをしっかりと把握した上で、日本はどうするべきなのか、それを考えていかなければならないのです。「真似をする」のではなく「参考にする」程度でよい、そう実感したデンマーク視察でした。

第6章 ◀ 国内で暗躍する敵を討て

「保育園落ちた日本死ね」は愚か

匿名ブログの「保育園落ちた日本死ね」という記事が関心を集めました。記事には、子育て中の母親が口にしたとは信じ難い、過激な言葉が並んでいました。内容は以下の通りです。

〈なんなんだよ日本。

一億総活躍社会じゃねーのかよ。

昨日見事に保育園落ちたわ。

どうすんだよ私活躍出来ねーじゃねーか。

子供を産んで子育てして社会に出て働いて税金納めてやるって言ってるのに日本は何が不満なんだ?

何が少子化だよクソ〉

衆議院議員の山尾志桜里氏(民進党)は、このブログを国会で取り上げて、政府・与党の政策を批判しました。2016年12月には、「保育園落ちた日本死ね」が、「自由国民社

『現代用語の基礎知識』選2016ユーキャン新語・流行語大賞」でトップテン入りを果たし、山尾氏が表彰式に出席したことも大きな話題になりました。

私は国会議員になる以前の18年間、地方公務員として、兵庫県西宮市役所で働いていました。市役所では、児童福祉課に配属されていたことがあります。自治体で児童福祉に取り組んでいた私からすると、匿名ブログをめぐる論争は「前提条件」が間違っていると言わざるを得ません。

ブログを書いた母親や、その記事に賛同した人は、「保育所は誰もが利用できる当たり前のサービスであり、我々は保育所を利用する権利がある」と考えているようです。しかし、それは大きな間違いです。保育事業は「福祉施策」です。では「福祉」とは何なのか。私が尊敬する一般財団法人児童健全育成推進財団の鈴木一光理事長は、講演会などで次のように話しています。

〈「福祉」とは「ふ」つうの「く」らしで「し」あわせに、という意味です〉

要するに、自力で「普通の暮らし」を営むことができない人に対して、税金を使って支援することが「福祉施策」なのです。障害者福祉、低所得者福祉、高齢者福祉、児童福祉と冠をつければ分かりやすいでしょう。福祉施策は、国民が納めた税金を使うため、きちんとした理由がなければできないのです。

保育事業には、まずは「家庭で保護者が子育てをする」という前提があります。片親しかいない家庭や、親が病気や怪我をしているなどの理由で子育てができないというような、どうしても働かなければならない家庭を支援する施策なのです。

かつて児童福祉法には〈保育に欠ける乳児・幼児を保育することを目的とする施設〉と書かれていました。現在は〈保育を必要とする乳児・幼児を保育することを目的とする施設〉と書かれています。

つまり、保育所に入るには入所基準があり、各家庭の状況に応じて点数化されて入所の可否が決まるのです。例えば、片親の家庭や、両親が正社員として長時間働いている家庭の点数は高くなります。逆に高所得者の家庭、祖父母と同居している家庭、あるいは祖父母が近くに住んでいる家庭の点数は低くなります。

こうした公平な基準により、保育所に入所できる児童は決まっています。前述の匿名ブログを書いた母親の子供が保育所に入れなかったのは、より保育所を必要とする家庭があったというだけのことです。

匿名ブログの「保育園」とは「認可保育所」を指しているのでしょう。保育所は「認可保育所」や「無認可（認可外）保育所」があり、待機児童が問題になっている大都市には「認証保育園」なる制度も設けられています。また、民間のベビーシッターも多く存在しています。つまり、認可保育所に子供を預けられなくても、他に方法はいくらでもあるのです。現にブログを書いた人が、子供を保育園に入れられなくて、生活に困窮しているという話は、まったく聞こえてきません。

16年3月、山田宏氏は自民党東京都連の会合で、匿名ブログを「落書き」とした上で、「私にしてみれば『生んだのはあなたでしょう。（育児は）親の責任でしょう、まずは』と言いたい」と発言され、大きな批判を浴びましたが、この訴えは正論です。

自分でできる部分は自分でやってもらわなければ、社会は成り立ちません。一切合財を他人任せでは、社会は潰れてしまいます。「自助・共助・公助」の順番を間違えてはならないのです。

ノンフィクション作家の河添恵子氏は、以前、討論番組『朝まで生テレビ！』（テレビ朝日）に出演された際、「子育ては母親がするのが最良」という主旨の発言をされ、他の出演者から集中砲火を浴びました。

この意見は一昔前なら当たり前のものだったはずです。しかし、現在では大勢から非難されることになるのです。私たちが長年培ってきた価値観が、急速に壊されているようです。

日本を壊そうとする反日日本人は、数十年前から海外勢力と手を取り合い、国連など世界で活動を続けてきました。近年、その活動の影響が徐々に表面化してきているような気がしてなりません。

『朝まで生テレビ！』では、多くの女性論客が「保育所を義務化すべきだ」と主張していました。そして現在、この主張に賛同する女性は多いようです。しかし、保育所義務化は、子供が家庭から引き離されることになります。

私は公務員時代、共産党系の労働組合が運営する学童保育所を視察したことがあります。もし、保育所が義務化されるとなると、そのような特殊な保育所で、子供たちに共産主義を植えつけるような教育が施される可能性も生じます。

日本の左派勢力は、夫婦別姓、ジェンダーフリー、ＬＧＢＴ支援などの考えを世間に広め、日本の最もコアな部分である「家族」を崩壊させようと仕掛けてきました。保育所問題もその一環ではないか。私はそう考えています。

保護者に教育を与えよ

和歌山市は日本で初めて「親学」の条例化を目指しています。親学とは、親になるために学んでもらいたいことを伝えるのが目的で、提唱者は教育学者の高橋史朗氏です。素晴らしい試みだと感じた私は、2016年9月、同市議会を視察しました。

子育て支援の現場にいた公務員時代に感じたのは、子供の教育以前に親に問題があるケースが多いということです。そのため、私も以前から親に学びを与える必要性を強く感じていました。

大阪維新の会が12年に提出した「家庭教育支援条例（案）」は、高橋氏の助言を受けながら条文を検討、条例化を試みました。しかし、原案に「乳幼児期の愛着形成の不足が軽度発達障害またはそれに似た症状を誘発する大きな要因」との一文が盛り込まれていたことに対して、医師や一部の保護者たちから、「内容に学術的根拠がない」「偏見を増幅する」という批判が出ました。当時、大阪市長だった橋下徹氏も批判に同調し、条例案に否定的なコメントを述べたため、維新の会大阪市議団は条例案を撤回しました。

和歌山市はこのようなことも踏まえ、慎重に条例化を目指してきました。視察時には、条例成立に向けて中心となっている和歌山市議会議員の戸田正人氏に話を聞きましたが、子育てを取り巻く環境は悪化の一途を辿っていると感じました。

例えば、日本の乳幼児は、世界と比較すると夜ふかしする傾向にあるようです。子供の成長を考え、子供中心の生活を考える親が減り、親の生活パターンに子供が合わせるという家庭が増えています。それがよく分かるデータもありました。「子どもを持てば、親は子の犠牲になるのもやむなし」と考える親の割合です。

私自身、日本はかなり上位だと思っていたのですが、国際プロジェクト「世界価値観調査」のデータによれば、結果は逆でした。世界では「犠牲になるのもやむなし」と考える親が72・6％もいる中、日本には38・5％しかおらず、73国の中で72位という結果でした。「子供ができても犠牲になるのは嫌。ライフスタイルも変えたくない」と考える、親になり切れない親が増えているのでしょう。

このような親に育てられた子供が、大人になったときに結婚や子育てに魅力を感じなくなるのは自然なことなのかもしれません。このままでは、少子化にますます拍車がかかることになります。

子供の教育の責任は、学校や教師にあるのではなく親にあります。だからこそ、親に親としての自覚を持ってもらうための親学が必要です。和歌山市からこの条例化の取り組みが全国に広がることを期待しています。

前述の戸田氏は、親学が早急に必要であると考える理由の一つに、近年、深刻化する「キラキラネーム」の問題を挙げました。キラキラネームとは、一般的な名前とは言えない珍しい名前のことです。過去には自分の子供に「悪魔」と名付けようとして、裁判にまで発展したことがありましたが、現在は「黄熊《ぷう》」や「騎士《ないと》」というような、珍しい名前の子供が存在するようになりました。

普通の感覚を持つ大人なら、読み方が分からないような名前をつけた子供の将来を、心配するものではないでしょうか。近年は、キラキラネームを与えられた子供の苦悩が話題になりつつあり、実際に以下のような声もあるそうです。

「自分の名前が恥ずかしいから、友達には平凡な普通の名前で呼んでもらうようにしている」「名前を変えたいと言ったら、親に『お腹にいるときから一生懸命考えた名前に対して何を言うか！』と怒られた」

キラキラネームをつけられた子供のために、改名の方法を解説するホームページもあります。15歳から本人の改名申請が可能になるのですが、実現までのハードルは低くないそうです。家庭裁判所に申請をしなければならない上に、改名には正当な事由が必要で、自分の名前が「嫌だから」「恥ずかしいから」という理由では認めてもらえないのです。

ホームページによると、改名の正当な事由として認められた実例には以下のようなものがあるといいます。

「難解や難読な名前」
「いじめや差別を助長するような名前」
「親族や近隣に同姓同名がいて生活上支障をきたす混乱が生じる場合」
「同姓同名の犯罪者または被疑者がおり風評被害をこうむっている場合」
「性別の変更により本人の外見と性別と名前が食い違い不便な場合」
「長年の『通称』を本名にしたい場合」
「出生届時に誤りがあった場合」

以前、西郷隆盛翁の曽孫の西郷隆夫氏の話を聞く機会がありました。西郷隆盛翁は生まれたときは「小吉」と名づけられたのですが、元服を機に「吉之介」に改名しました。当時の日本では、厄除けになるという理由から、子供に故意に卑小な名前をつける風習があったそうです。

現代日本でもキラキラネームを名づけられた子供は、15歳になったら自分の意思で改名できるようにするべきではないでしょうか。それと同時に、親が親としてしっかりとした自覚を持てるよう、親学を普及させることも大切です。日本社会をこれ以上おかしくしてはなりません。それは現代を生きる私たちに課された使命です。

貧困を自分で判断する若者

２０１６年8月、ＮＨＫは『ＮＨＫニュース７』で子供の貧困を特集し、番組に登場した「貧困女子高生」が話題になりました。

子供の貧困は実際にあります。私も西宮市役所に勤務していたときは、地方自治体職員として、行政の立場で多くの子供たちを見てきました。しかし、彼らの多くは、ＮＨＫに出演して話題になった女子高生のように、自らの貧困をアピールすることはできません。中には学校にすら行けない子供もいるため、行政マンや専門家が地域を歩き、貧困に喘いでいる子供を見つけて、助け出さなければなりませんでした。

親が生活保護の受給方法はおろか、生活保護の存在すら知らず、子供を餓死させてしまった事例、あるいは親子揃って餓死してしまった事例も発生しています。

生活保護といえば、近年は不正受給のことばかりがクローズアップされますが、最も問題なのは、本当に必要な人のところに必要な支援が届いていないということです。

被害者ビジネスを行う団体も大きな障害になっています。このような団体があることで、行政は対応をしなければならなくなり、その分、労力が割かれ、自治体によってはこれらの団体と一緒に行動することで「やったつもり」になっているところも少なからず存在しています。

残念ながら「真実の貧困」をテレビ番組として流すのは至難の業です。私たちが見ることができるのは上辺だけです。

放送後、特集は話題になり、今度は「貧困バッシング問題」に発展、16年8月の終わりには「生活苦しいヤツは声あげろ　貧困叩きに抗議する新宿緊急デモ」が開催されました。「貧困叩きは今すぐやめろ!」「税金使って貧困なくせ!」と叫ぶ若者たちが現れたのです。彼らは、NHKの報道姿勢を問う参議院議員の片山さつき氏（自民党）を槍玉に挙げ「議員を辞めろ!」と罵倒していました。

私としては、こういうデモこそ「ヘイトスピーチ」として取り締まればよいように思いますが、メディアは「もっともな若者の声」として取り上げていました。

デモに参加をして「税金使って貧困なくせ！」と叫ぶ元気があるなら、働けばよいのではないでしょうか。建設業も農業も林業も、人手不足で困っています。そもそも、このデモに参加しているような若い世代が働いてくれないと、本当に困窮した人々のために必要な公費（税金）を捻出することはできません。

もう一つ、彼らの主張の中で引っ掛かったことがあります。「貧困かどうかは自分たちで決める」という主張です。

「趣味にどれだけお金を使おうが、どれだけ豪華なランチを食べようが、『だから貧困じゃない』と他人に言われたくない。貧困かどうかは自分が決める」と、彼らは「絶対的貧困」ではなく「相対的貧困」を訴えていたのです。

「友達がブランド物のバッグを持っているのに自分は買えない。だから、貧困。なんとかして！」というわけです。近年、インターネット上でも議論になっている、「生活保護受給者がパチンコをするのは是か非か」という問題に通じるものがあります。

大分県別府市は15年、パチンコ店などに複数回出入りした生活保護受給者に対し、保護費の支給を停止・減額する処分を発表し、多くの人の賛同を得ました。

別府市の職員はパチンコ店や市営競輪場を巡回して調査を行い、通算2回以上見つけると、保護費のうち生活費の大半の支給を1カ月から2カ月止めており、15年10月の調査では、9人が停止処分を受けました。

支出の節約に努めることを求める生活保護法の規定を、処分の根拠としていましたが、大分県が15年末、厚生労働省に照会したところ、同法にギャンブルを禁じる規定がないことなどから、厚労省は「停廃止は不適切」と回答しました。

これを受け、大分県は16年2月に、市に「不適切」と指摘し、別府市はパチンコ店などへの出入り回数だけを理由にした停止・減額は止める方針に転換せざるを得なくなりました。

大分県の指導に先立ち、弁護士など約140人でつくる「生活保護支援九州・沖縄ネットワーク」の高木佳世子氏らが、「指導や処分は違法」として中止するよう申し入れています。彼らが16年3月に提出した意見書では、パチンコなどについて「生活保護費の範囲内で、ささやかな楽しみ（娯楽）として行われる限りは、何ら法の目的に反するものではない」として、別府市の対応は、「（受給者の）自由を尊重し、必要の最少限度」と定める同法に違反すると指摘しています。

「生活保護でパチンコをするなんてもってのほか」という大多数の納税者の声に対し、「パチンコはささやかな娯楽だ」と自分たちで決め、「自由を守れ」と主張する。今回の「貧困かどうかは自分で決める」という理屈と同根ではないでしょうか。

「責任の問われない自由」という妙な思想に侵された日本は、いったいどこに進むのでしょうか。「誰が何と言おうと私は貧困なんだ」「私の貧困を税金で何とかしろ！」とデモで叫ぶ若者を見ていて、不安を感じずにはいられませんでした。

「AV女優＝性奴隷」が世界に広まる

弁護士の伊藤和子氏が代表を務める人権団体「ヒューマンライツ・ナウ」が、アダルトビデオ（AV）の出演を強要される若い女性の被害が相次いでいるとして、2016年3月、被害防止や被害者救済のための法規制を急ぐよう求める調査報告書を公表しました。すると、同年夏には元女優が被害を訴え、メディアでも大きく報道されました。

その時期、私はサラリーマンなどを対象にした勉強会で、国連や慰安婦問題に関する話をする機会があったのですが、芸能関係の仕事をされている男性が、「ＡＶ出演の強要」について以下の話をしてくれました。

「借金を抱えている女性が『どうしてもＡＶに出演させてほしい』と希望して、ＡＶ女優になりました。撮影現場でもスタッフに『次もお願いします』と売り込み、結局２００本くらいの作品に出演したそうです。女性は借金を返済し引退したのですが、つき合い始めた男性に過去のＡＶ出演がばれてしまい、とっさに出た言葉が『強要されて出演した』という嘘でした。それを真に受けた彼氏は、いわゆる人権派弁護士に代理人として依頼しました。結局、女性はＡＶ制作会社などを刑事告発するとともに、民事訴訟を起こしました。しかし、女性をよく知っているスタッフたちは『なぜ彼女が訴えてるのだろう』と首をかしげているそうです」

彼の話がどこまで真実なのかは分かりません。ただ、彼の話の中で、「人権派弁護士に代理人として依頼」の部分が引っ掛かったため、「その弁護士とは伊藤和子さんではないですか？」と訊ねました。すると彼は「そうです」と答えました。

それを聞いて納得しました。前述の通り、伊藤和子氏は人権派の弁護士として、男女同権などを訴える活動を続けている人物です。

それからしばらくして、アメリカ在住の日本人女性から手紙が届きました。手紙には以下のように記されていました。

〈昨今、日本で話題のAV出演強要の問題で登場する弁護士や団体が、慰安婦問題を扱う人たちと同じだったので何か裏があるのではないかと気にかけていました。日本は、ただでさえ児童ポルノや性産業のことでアメリカや国連から睨まれているので、AVに関しては杉田さんのような女性の発言が極めて重要だと思います〉

「AV出演の強要」の問題は、慰安婦問題と構図が似ているような気がしてなりません。AV業界という狭い世界の話だと侮っていると、ある日突然、国連の人権関連の委員会から「日本はAV女優という性奴隷の存在を黙認しているとんでもない人権侵害国家だ」と断罪されかねないのです。慰安婦問題と同じように、女性がもっと積極的に発言していく必要があります。

性の問題は「男は強者、女は弱者」というイメージがつきまといます。人権派と言われる弁護士たちもそれが分かっているからこそ、女性弁護士が巧みに利用して、被害者ビジネスを行っているのです。彼女たちの次なるターゲットの一つが「AV出演の強要」の問題なのでしょう。

現在では、慰安婦問題と無縁の国の人々にも「旧日本軍は野蛮な性犯罪組織だった」という誤った見方が浸透してしまいました。米ニューヨーク・タイムズ紙など左派メディアが、中韓の主張を鵜呑みにした内容の記事を掲載してきたことも要因です。しかし、それだけではなく、日本のＡＶや成人向けアニメ・漫画が日本の性に関して誤った印象を拡散しているのも原因の一つではないでしょうか。

インターネットが世界で普及し、日本のアダルトコンテンツは海外でも視聴されています。欧米でセックスは「男女ともに楽しむもの」です。それに基づいて製作されるため、映画などでも、あっけらかんとした性描写が多いようですが、日本には「隠す」「恥じらう」文化があります。一般的に「女性が拒む」というシチュエーションが好まれるため、レイプものの作品も少なくありません。アニメは美少女ものやロリコンものが人気です。現実社会でできないこと、ありえないことを映像・アニメで表現しているに過ぎないとしても、海外では「このような作品を製作する日本人は変態に違いない。だから過去に日本軍が処女を性奴隷にしたというのも納得できる」と誤解されてしまいます。

これは非常に厄介な問題です。人権派弁護士もそれが分かった上で、「ＡＶの出演強要」の問題に顔を出してきたのではないでしょうか。

この問題は国際情報戦と繋がっています。私たち保守系も、「女性」を前面に出して戦っていかなければ、日本がますます貶められることになるでしょう。

地方分権の是非

舛添要一東京都知事の辞任に伴い、２０１６年7月、東京都知事選挙が行われました。当選された小池百合子氏を含め、21名もの人が立候補しました。自民党と公明党、そして私が所属する日本のこころを大切にする党は、元岩手県知事の増田寛也氏を推薦しました。私は東京都民ではないため、誰を支持するかについては言及しませんでしたが、ブログなどで「増田寛也氏を支持しないし、支持できない」という意見は述べました。

増田氏は元建設官僚であり、知事や総務省の経験もあるだけに、他の候補と比べても、実務経験に長けていたのかもしれません。しかし、私が懸念していたのは、外国人への地方参政権付与をめぐる問題です。増田氏は岩手県知事時代、「永住者の地方参政権は認めるべきだ」と、理解を示していたのです。

日本のこころを大切にする党は、推薦を出すに当たり、増田氏の外国人地方参政権に関する考えを確認して以下のように発表しました。

〈増田寛也氏が過去に外国人地方参政権について認める考えを持っていたことはあるが、東京都知事としてこの件を持ち出すことはないということを確認している。当然、我が党は参政権は国民固有の権利であり、外国人地方参政権については認めない立場である〉

増田氏が外国人参政権を認めない立場に変わったのは、なぜなのでしょうか。

政治家は勉強を続ける中で、意見が変わることはあります。時流の変化に対応して、前言を撤回することもあります。だから増田氏も意見が変わったのかもしれません。

あるいは、岩手県知事時代には外国人参政権を要望する声があったため、肯定的な意見を述べたという可能性もあります。しかし、首長は要望の声の大きさに応じて行政を進めてはなりません。ノイジー・マイノリティーに惑わされて、サイレント・マジョリティーの権利や利益を損ないかねないからです。

もし増田氏が、外国人参政権を岩手県では付与すべきだが、東京では付与すべきではないと考えているのだとしたら最悪です。地方分権の議論の中で、とても重要な問題だからです。

06年3月、地方公務員だった私は、ニュー・パブリック・マネジメント（NPM）の現場視察のため、イギリスを訪問しました。NPMとは、民間企業の経営手法を導入して、公共サービスを効率化させるということです。当時の日本は、小泉純一郎首相の構造改革の真っ最中で、地方分権や行政評価、プライベート・ファイナンス・イニシアティブなど、新しい手法がもてはやされていた時代でした。

「サッチャー改革」の本場を見て驚いたのは、イギリスが徹底的な中央集権国家だということです。行政評価に関して言えば、日本では自治体ごとに独自の基準を設定しますが、イギリスはすべての自治体が、政府が決めた基準を元に評価を行っていました。

例えば、ごみ収集事業に関し、政府はＡＢＣＤの評価基準を定めます。最低のＤランクをとった自治体は、働く人間をすべて解雇して、次年度からは政府が派遣した人を受け入れなければなりません。そうすることで、住民サービスの質を向上させていきます。

住民の意見を政策に反映させるシステムは、イギリスは日本よりも遅れており、現地では「どうやって住民の声を聴けばよいのか、試行錯誤している」という話を聞きました。

視察を通じて、私は改めて中央集権の重要性を認識したのです。

地域活性化のために、地方に権限委譲していくことに基本的には賛成です。地方自治体で18年間にわたって働き、二重行政、三重行政の無駄や、全国一律規定の弊害もよく分かっているつもりです。しかし、地方分権を進めるには、「委譲できる権限」と「委譲できない権限」をきちんと見極め、正しく線引きをしなければなりません。そのためにも、一度、イギリスのような強力な中央集権を行うことが必要ではないかと考えています。

前述した保育所の問題についていえば、待機児童が存在する自治体は、全国の6％に過ぎず、多くの自治体では、子供が減って保育所は縮小に向かっています。それならば、全国一律の規定を取っ払い、設置基準や入所基準は自治体に任せればよいのです。

しかし、地方分権の時代だからといって、「うちの県は国歌を君が代ではなく、別の歌にします」「我が市では来月から公用語を中国語にします」というようなことを認めるわけにはいきません。外国人参政権は、この事例に属します。自治体によって認める自治体と認めない自治体が混在するような状態をつくってはなりません。国がはっきりと「外国人参政権は認めない」と決め、地方にこの決定権限を譲るべきではないのです。

以上の理由で、外国人参政権について、都道府県の判断に委ねればよいという考えを持っている人には、私は賛同することができません。

私は衆議院議員だったとき、「何を中央集権とし、何を地方分権とすべきか」という線引きの議論を始めたいと考えていました。国会議員には、霞が関の官僚出身の議員はたくさんいますが、私のような地方自治体職員出身の議員はほとんどいませんでした。だからこそ、私の経験を活かせるのではないかと思っていましたが、残念ながら議論は緒に就きませんでした。

そのような中、道州制推進の中心人物として頑張っていたのが、16年夏の都知事選候補に当選された小池百合子氏でした。

保守の中には、地方分権や道州制と聞くだけでアレルギー反応を起こす人もいますが、地方の活性化は待ったなしです。一刻も早く「誤った地方分権をさせない」という考え方を鮮明にさせた上で、国と地方の役割分担について議論を盛り上げてもらいたいものです。

「セクハラ」が社会を窮屈にする

2016年の東京都知事選の終盤、自民党本部で開かれた増田寛也氏の決起集会に出席した石原慎太郎氏は、小池百合子氏について「厚化粧」と発言しました。会場をなごませようとして発した軽いジョークだったのでしょう。シャイでサービス精神溢れる石原氏らしいと感じました。言われた小池氏も問題視することはなく、話はそれで終われば良かったはずですが、なぜかメディアが騒ぎ立てました。中には石原氏の発言を「セクハラ」と報じたメディアもありました。

「セクシャル・ハラスメント」は、1970年代初頭にアメリカでできた言葉です。80年代半ばに日本に上陸し、89年の「新語・流行語大賞」の新語部門・金賞を受賞して、日本でも一気に認知されました。

私は以前から「セクハラが日本に入ってきて社会がおかしくなった」と感じています。セクハラという概念が入ってくる以前は、犯罪は法律や前例と照らし合わせて、「窃盗をしたら罰金××円」「殺人を犯したら懲役△△年」というように客観的に判断され、罰が下されていました。しかし、それらの犯罪と違い、セクハラは不透明なのです。セクハラは被害者の主観のみで判断されるからです。

例えばある女性が「きみ、色っぽいね」と言われたとします。好きな男性に言われたら「嬉しい！」と喜ぶでしょう。しかし、嫌いな上司に言われたら「気持ち悪い！　セクハラ！」と感じ、「毎日職場で性的な発言をされて苦痛でした」と訴えることができてしまいます。それだけではなく、女性が気分屋だった場合、「昨日は許せたが今日は嫌」と感じ、セクハラだと判断する可能性もゼロではありません。

訴えられて初めて気がつく男性も多いのではないでしょうか。しかし、男性は訴えられても「その気はなかった」と言うしかなく、反論はできないのです。

セクハラが日本に定着する以前は、男性から嫌なことを言われたら侮辱として、触られたら痴漢として、襲われたら強姦として対処していました。しかし、セクハラという不透明な概念が誕生したことにより、社会がギクシャクし始めたのです。

昔の中年男性は、コミュニケーションの一環として「スタイルがいいね」「べっぴんだね」と女性に言うことができ、女性もまた、上手にいなすことができました。しかし、近年はそのような発言は許されません。それどころか、「その髪型似合っているね」というような褒め言葉でさえ、言われた女性が不快に感じたら「セクハラを受けた」と言って訴えることができます。これでは男性は萎縮して、女性に対して何も言えなくなってしまいます。職場の人間関係もギスギスします。

セクハラが日本に定着するのに一役買ったのは国連です。「女子差別撤廃委員会」は、日本政府に対して〈職場でのセクハラを禁止し、防ぐための法整備〉をするよう、勧告を出しています。

また、16年3月に同委員会が日本政府に送りつけた「最終見解」には、「マタハラ」（マタニティ・ハラスメント）が加わりました。妊娠・出産に関わる言動に気をつけなければならなくなり、「子供はまだ？」と聞くことさえ御法度となります。セクハラと同様、マタハラに当たるかどうかは、言われた側の判断になるため、男性の上司だけでなく、場合によっては女性の上司が訴えられる可能性も生じます。

女子差別撤廃委員会が日本政府に対する最終見解に、わざわざ「セクハラ」や「マタハラ」の文言を入れたのは、委員会が開催されるたびに国連まで行き、「日本は遅れている」と訴え続けた左派系NGOのメンバーの〝功績〟です。その他にも「パワハラ」（パワー・ハラスメント）や「モラハラ」（モラル・ハラスメント）など、受けた側の主観で判断される曖昧な概念が少しずつ日本社会を蝕み始めています。

近年、話題のヘイトスピーチも同様です。中韓両国が反日的だからと言って、個人的には汚い言葉で罵るべきではないと思います。しかし、それを法的に規制するのは反対です。なぜなら、ヘイトスピーチも定義が曖昧だからです。

以前、街中で選挙演説をしていたら、「杉田水脈は『日本の中に反日がいる』とヘイトスピーチをした」「杉田水脈は『男女共同参画は必要ない』とヘイトスピーチをした」「杉田水脈は直ちにヘイトスピーチを止めよ」とスピーカーで怒鳴られたことがあります。

これは、主観で言論を封殺していると言えます。だから私は、ヘイトスピーチを規制しようとする流れには反対です。

「慰安婦の強制連行はなかった」というのは歴史的真実です。しかし、「慰安婦の強制連行を否定すると、元慰安婦が傷つくからヘイトスピーチだ」と論点をすり替えられてしまうこともあります。16年5月にはヘイトスピーチ対策法が成立しましたが、言論封殺の動きが急速に広がっていくのではないかと心配しています。

石原氏はセクハラなどという曖昧な概念のない時代を生きてきた方です。だから自由闊達な発言ができます。また、小池氏もセクハラがない時代の男社会を生き抜いてきました。だから、「厚化粧」と言われても、受け流すことができたのでしょう。

セクハラやモラハラなどによって社会が萎縮すると、国益を損なうことにも繋がります。これはすべての日本人にとって不幸なことではないでしょうか。

ヘイトスピーチと「性奴隷」はワンセット

2015年6月、兵庫県宝塚市は総務常任委員会で、請願第1号「ヘイト・スピーチに対し法規制する決議を求める事についての請願」の審議を行いました。それを受けて、私はブログに以下のように書きました。

〈「こういう問題よりも、もっと市民生活に密着した行政課題がたくさんあるのに、なぜこんなことに時間を割いているのか?」と思われる方もおられるでしょう。ですが、市民が請願を提出してきた以上、市議会は審議しなければならないのです。宝塚市の市議会議員の方々は毎回大変だと思います〉

この審議を通じて、請願を提出した団体と、宝塚市の公民館に元朝日新聞記者の植村隆氏を招いて講演会を行った団体が同一であることが確認されました。植村氏は、後に朝日新聞が誤りを認めて取り消した1991年8月11日付の〈「女子挺身隊（ていしんたい）」の名で戦場に連行され〉という記事などを書いた記者です。

要するに、ヘイトスピーチを告発する勢力は、「慰安婦=性奴隷」を流布してきた勢力と同根だということです。

　大阪市議会は16年1月15日、ヘイトスピーチ規制条例を成立させました（16年7月より施行）。直前の1月12日、「いっしょにつくろう！　大阪市ヘイトスピーチ規制条例」という団体は、大阪市長の吉村洋文氏に要望書を提出しました。要望書はヘイトスピーチの具体例を挙げるなどして解説していたのですが、要望書の最後には、なぜか慰安婦問題について、以下の言及もあったのです。

〈慰安婦問題を捏造したのは朝日新聞だ。従軍慰安婦は存在しないと日本政府は世界に発信しろ。韓国人を許さないぞ。慰安婦像を世界に広めようとする韓国人を許さないぞ〉

　これらの発言は事実に基づくものですが、同団体から見るとヘイトスピーチに分類されるようで、以下の説明が記述されていました。

〈今回の「日韓合意」においても、戦時下において「当時の軍の関与の下」、現在の日本政府が「責任を痛感」するほどに「名誉と尊厳を深く傷」つけられた「多数の女性」がいたことが確認されています〉

「日韓合意」で日本政府も責任を認めたのだから、上記のような発言はヘイトスピーチだということのようです。

ヘイトスピーチ規制を推進している勢力と、「慰安婦＝性奴隷」という嘘を世界に広めている勢力は連携しています。慰安婦に関する歴史的事実に基づいた私たちの意見をヘイトスピーチに仕立て上げ、封殺しようと企んでいるようです。

事実に基づく発言であっても、別の主義・主張の人の主観的判断により、ヘイトスピーチにされてしまう危険性があるため、私は規制する法律には反対しています。

それから、私がヘイトスピーチに反対する理由はもう一つあります。日本にヘイトスピーチが存在すること自体が不思議であり、それを規制する法律をつくらなければならないことに対しては、情けないとすら感じています。

韓国人は反日デモで頻繁に日の丸を燃やし、日本の首相の写真を破ります。だからといって、同じことをやらないのが日本人の素晴らしさではないでしょうか。しかし、日本にも一部とはいえ「韓国人を皆殺しにしろ」「朝鮮人は日本から出ていけ」と声高に叫ぶ排外主義者が存在します。結果的には、彼らがヘイトスピーチ規制条例をつくったと言っても過言ではないでしょう。

その一方で、在日外国人の生活保護受給の可否について議論しなければならないし、公的医療保険制度を悪用する外国人については、きちんと追及していかなければなりません。ただ、そのような問題意識と排外主義とはまったくの別物です。

以前、動画サイト、ニコニコ動画で「杉田水脈が桜井誠を批判『あんなことする人間が育つのは教育の問題』」という、私の発言の一部を切り取る形で編集された動画が上がっていました。私は「排外主義についてどう思うか」と質問され、それに対する意見を述べただけなのですが、まるで私が政治活動家の桜井誠氏を批判したかのように編集されていたのです。

動画を見た人からは「左翼思想と同じ」「似非保守」「日本人ではない」と、多くの批判を受けました。

前述の通り、ヘイトスピーチは許せないと思います。それと同時にヘイトスピーチを規制する動きにも反対の声を上げています。そのような私を攻撃するよりも、慰安婦問題とヘイトスピーチをこじつけて、日本を貶めようとする勢力と戦うことの方が大切ではないでしょうか。

ヘイトスピーチについては、小手先の法規制をしても何の解決にもなりません。人が嫌がることを言う人間や、人を傷つけて喜ぶ人間をなくそうと本気で思うのなら、根本から見直す必要があります。

まず必要なのは教育の正常化です。例えば、日本の教育現場に「教育勅語」を復活させれば、ヘイトスピーチを喜ぶような人間は育たないはずです。ヘイトスピーチ規制を求める市民団体は、ぜひ「教育勅語復活を求める請願」を各地方議会に提出してはどうでしょうか。

共産党を支える公務員労働組合

私は2014年、沖縄を訪ね、辺野古基地移設反対派の前でカウンター街頭演説を行いました。その様子をブログやフェイスブックなどで報告したところ、「なぜ、彼らは日がな一日、歌って踊って弁当を食べて暮らしていけるのか」「資金はどこから出ているのか」という質問が相次ぎました。

西宮市役所で働いていたときに、私は共産党の活動の実態をこの目で見てきました。彼らのやり方は熟知しているつもりです。

地方公務員の労働組合は、日本共産党系の「自治労連」(日本自治体労働組合総連合)と、民進党(旧社会党)系の「自治労」(全日本自治団体労働組合)があります。もともとは一つの団体だったのですが、暴力闘争の果てに二つに分離しました。

以前、実際にその闘争に参加した人から、リンチなどの生々しい話を聞いたことがありますが、まさに血で血を洗う闘争を繰り広げてきたのが彼らです。「平和を愛する」という彼らは、本当は暴力的でとても怖い存在です。

自治労に加盟する「自治労京都市職員労働組合」（自治労市職）が新入職員を勧誘するために作成した「２０１２年度版　労働組合の正体」というパンフレットがあります。インターネットで誰でも見ることができるのですが、自治労市職の解説だけではなく、自治労連に加盟する「京都市職員労働組合」（市職労）についても解説しており、公務員の労働組合の実態を窺うことができます。

パンフレットでは、二つの労組と政党との関係を認めた上で、以下のように書いています。

〈(自治労市職は）組織的な付き合いで見れば今は民主党とは仲良しですが、いつまで続くのか疑問視する声も〉〈(市職労は）総合的に判断して共産党とベッタリ確定です〉

自治労市職が制作したパンフレットなので、民主党（現・民進党）との関係については、はっきりとした書き方はしていませんが、市職労と共産党の関係が良好であることは断定しています。

労組の必要性については以下のように解説しています。

〈組合が「ある」と「ない」では私たちの労働条件も大きく違ってきます。組合がないと給料のカットや人員削減など、雇い主のええようにやられっぱなしになります〉〈一人の力ではどうにもならないことも、組合に加入して組織的にアクションを起こすことによって、道が拓かれることもあるのです〉

以上の解説から、労組が特定の政党と手を組み、活発に活動していることが分かるのではないでしょうか。

ちなみに西宮市役所の労働組合は、水道局以外の部署の組合は自治労連でした。水道局の組合だけは自治労だったため、職員会館内にある組合事務所では、社会党党首だった故土井たか子氏の姿を拝見しました。

私が入所した1992年当時は、入所後、20日程度の新人研修の中に「労働組合の時間」が組み込まれていました。専従の職員が来て、「労働組合は職員の賃金を上げるために闘争をしている。我々が戦うから賃金が上がる。組合に加入してない職員の賃金も上がる。組合に加入しないのは無責任な人間である」といった説明が行われ、新入職員はその場で加入申込書に記入させられます。

4月1日に入所した新入職員は、同月20日に初めての給料が支給されるのですが、そのときから、組合費を天引きされることになります。私が入所した当時、職員の組合加入率は97％でした。大半の職員は文句を言うことなく、組合費を払い続け、それが組合の資金となっていました。

市役所では各課に1人、組合の「職場委員」がいます。若手が担当するケースが多く、「職場集会」の周知をします。

職場集会とは、春季、秋季闘争の前に、当局への要求について各職場で昼休みを利用して開く集会です。お弁当付きで、代金は組合費から出ます。本来は賃上げ要求の説明をするはずの集会ですが、実際には以下のようなやり取りが行われています。

組合幹部が「コンビニのおにぎりの原価は20円です。これを100円で売ります。この差額を何と言いますか？」と問います。普通の職員なら「利益です」と答えるでしょう。すると幹部はすかさず「違います。搾取です」と否定するのです。

要するに、共産主義を植えつけるような集会なのです。

集会に参加する人を調整し、「今回は、○○課からは△△さんが参加します」という報告を組合に行うのも職場委員の仕事です。たいていの職場では、1人に負担がかからないように順番を決めて、公平に参加させていました。

職場委員は外部イベントの「動員」も担当します。メーデーの集会や平和行進などのイベントの参加は、組合から動員がかかります。当然、すべて共産党系のイベントです。「1割動員」だと、10人の職場の場合は1人がそのイベントに参加しなければなりません。「2割動員」だと2人になります。組合のイベントに参加するときは「離席承認扱い」となります。上司が離席を承認しているという意味で、欠勤にもならず、有給休暇も減りません。

近場で行われるイベントはこうして駆り出された一般の職員が参加しますが、遠方のイベントには、組合の幹部や専従の職員が参加します。交通費などの諸費用は組合費から出ます。

そもそも、解雇のない公務員になぜ労働組合があるのか。いわゆる「公務員の労働組合」は、労働基準法や労働組合法に規定されている労働組合ではありません。公務員には労働三権（団結権、団体交渉権、団体行動権）が認められていませんが、「公務員も労働者である」という考えのもと、「職員団体」を持つことは許されています。これを各自治体が勝手に「○○市職員労働組合」と名づけているだけで、本当は労働組合ではなく、「職員団体」なのです。

職員団体は、自治体職員の福利厚生や労働環境を議論するために存在しているはずです。しかし、実際には自治労連は日本共産党、自治労は民進党というように、特定の政党と深い関わりを持ち、国会周辺のデモや沖縄の基地反対運動に参加するなど、政治的な活動を行っています。それはデモや集会の現場に行き、揚げられた幟を見れば明らかでしょう。

議員だった14年5月、私は総務委員会で「公務員の政治活動は禁止されているのに、なぜ職員団体である自治労連や自治労は政治活動をしているのか」という質問をしたことがあります。それに対して、当時の総務省自治行政局公務員部長の三輪和夫氏は、以下の通り回答されました。

「地方公務員法上の職員団体は、職員がその勤務条件の維持改善を図ることを目的として組織する団体でありますことから、職員が主体となって組織する必要がありますけれども、公務員以外の者が職員団体に加入することまで否定されているものではありません」

公務員以外の人が政治活動をしている、という主旨だったのでしょうか。結局、委員会で明確な回答をいただくことはできませんでした。

公務員の労働組合の実態を拡散することで、公務員による左派的な政治活動をやめさせなければなりません。彼らの活動を野放しにすることは、日本にとってプラスにはならないからです。

被災地をかき乱す左派系団体

阪神・淡路大震災が発生した１９９５年1月17日、私は大阪に住んでいましたが、神戸の実家は全壊しました。当時、私は27歳で、西宮市役所に入所して3年目で、未曽有の大被害を前に途方に暮れたことを覚えています。

それでも当時はまだ若かったため、不眠不休で働きました。役所のやることは「前例踏襲」「横並び」などと言われますが、踏襲する前例もなく、他県他市も経験したことがないほどの事態でした。ベテランから若手まで、状況を見て現場で即判断、即行動、その繰り返しでした。

判断基準は「目の前の被災者にとって何が最良か」ということでした。当然、責任は自分が取る覚悟で、腹を括らなければなりません。後に職員の「心の葛藤」の事例を広く集め、神戸市の職員と京都大学のコラボレーションによって「クロスロード」というカードゲームが開発されました。現在、地域の防災意識を喚起するために、このゲームは全国で活用されています。

また、このときに初めて、自衛隊の活躍を間近で見ることができました。兵庫県知事だった貝原俊民氏の支援要請が遅れたことに加えて、95年当時、自衛隊の車両は国道しか通行できないというような制限があったのですが、それでも自衛隊の働きは素晴らしいものでした。慣れた手つきで救援物資を運び、炊き出しを行う自衛隊員の姿を見て、いつ起こるか分からない自然災害に備えて、普段から彼らはどれだけの鍛錬を積んできたのだろうか、そう考えただけで胸が熱くなりました。

11年3月の東日本大震災や、16年4月の熊本地震のときにも、全国から集まった自衛隊員は命がけで救助活動を行いました。どれだけの命が自衛隊員の手で救われたでしょうか。阪神・淡路大震災のことを思い出して、また感謝の気持ちが膨らみました。

私が震災経験者としていつも言っているのは、「初動態勢はプロに任せるべきであり、素人の県外ボランティアは現地入りを控えた方がよい」ということです。西宮市長の今村岳司氏も、熊本地震の直後にフェイスブックで「被災地を混乱させないこと・仕事を増やさないことが今できる最大の支援」と訴えていました。

素人がボランティアで駆けつけて「お手伝いできることはないですか」と言っても、被災した自治体に「対応」という仕事を増やしてしまうことになります。また、被災地に何かを送っても、やはり「物置き場を確保する」という仕事を増やしてしまうのです。被災地は大変な混乱の中で、行政職員を中心に不眠不休で仕事をしています。素人は邪魔をせず、「人命救助」を最優先させてあげるべきです。

それでも、被災地のために何かしたいと思っている人もたくさんいるでしょう。震災後に私たちにできることは、「いまやるべきことを一生懸命やること」です。

「いまやるべきこと」は人によって違います。仕事や勉強かもしれないし、子育てや介護かもしれません。それを一生懸命やれば、必ず被災地支援に繋がります。

震災直後に「自粛」を理由にイベントなどが中止になることがありますが、私は予定通りに行った方がよいと思います。なぜなら、震災により機能していない一つの地域を、その他の地域でカバーしなくてはならないからです。また、復興にはお金がかかります。そのためにも経済活動を止めてはならず、私たちは被災者の分も頑張って、お金を回さなくてはなりません。イベントを中止して損失を出すより、予定通りに実施して、稼いだお金の一部を被災地のために寄付した方がよいのです。もちろん、イベントの冒頭には、犠牲者に黙祷を捧げることを忘れてはなりません。

ただ、自らの活動のために、被災地に押し掛ける困った人がいるのも事実です。

私は以前、東日本大震災で被災した宮城県石巻市を視察しました。そのとき、現地で案内をしてくれた自民党の市議会議員から、「ピースボートが仮設住宅の自治会に入り込んでいる」という話を聞きました。

「ピースボート」とは、衆議院議員の辻元清美氏（民進党）らが学生時代に立ち上げた、「地球一周の船旅」を運営するNGOです。そのメンバーが被災地に入り込み、自立をしようとしている被災者に「自治体にこのような要求をしたら、お金がもっと取れますよ」と入れ知恵しているのです。現地の良識ある被災者や行政担当者は迷惑をしているそうです。

彼らは、阪神・淡路大震災の事例も引っ張り出し、「神戸の仮設住宅に入っていた被災民の話を聞きに行きましょう」と、お金を出して東北から神戸まで被災者を連れて行くこともあるといいます。

阪神・淡路大震災が起きた当時は、生活困窮者自立支援法が整備されておらず、被災者は自己資金で再建していきました。しかし、東日本大震災が発生したときは、すでに支援法が整備されていたため、被災者には給付金が支給されています。

被災者の中には、被災地に入り込んだ左派系団体にそそのかされ、いつまで経っても自立しようとせず、被害者利権を振りかざしている人もいるようです。交通事故の被害に遭ったときに、周りから入れ知恵をされ、要求を徐々にエスカレートさせる人がいますが、それに似た話で、その指南役を左派勢力が行っているというわけです。

東日本大震災の復興が阪神・淡路大震災のときと比べて遅い原因の一つは、このような左派の暗躍にあります。彼らは生活保護の受給を斡旋するという、これまで培ってきたスキルを駆使して、被災地を混乱させています。

私は議員時代の14年11月、震災復興委員会でこの件を取り上げ質問をしました。

「石巻ではピースボートという団体が仮設住宅なんかの運営や支援などを非常に大きな割合で行っているということなんですけれども、このピースボートというのは一体どのような団体なんでしょうか」

復興庁統括官の岡本全勝氏の回答は以下の通りでした。

「石巻でボランティア活動をしていただいておりますいわゆるピースボートという団体

は、私どもが承知しておりますのは、一般社団法人ピースボート災害ボランティアセンターという団体でございます」「国際交流NGOピースボートという船旅をやっておられる団体があるということは別途承知しておりますが、この一般社団法人に問い合わせましたところ、任意団体の国際交流NGOピースボートと、今申し上げました、ボランティアをやっていただいています一般社団法人のピースボート災害ボランティアセンターとは別団体であると聞いております」

当然、この回答に納得できるはずはなく、私は反論をしました。

「東京のピースボートセンターでボランティアを募集して、毎週説明会をやっておりますし、また、そういった宮城県石巻市を中心とした支援活動を行っているということが、これはピースボートの被災支援ブログというところにちゃんと書かれていますので、別団体でありますけれども、全く関係がない団体ではないということは、ここから容易に知れます」

しかし、その後は当時の復興副大臣の長島忠美氏も、別団体であるということを強調するだけで話は終わりました。

岡本氏や長島氏の答弁を聞いたときに感じたのは、「私の追及をかわすことしか考えていない」ということです。私が指摘する通りに、同団体が被災地で暗躍しているということを認めると、復興庁には対処する必要性が生じ、自分の仕事が増えることになるから、認めたくはなかったのでしょう。結局、復興庁はこの問題を放置しました。そして現在、どうなったか。熊本にも同団体が乗り込んで、石巻市と同じことをやっているのです。

自然災害が起きると左派系団体は迅速に行動します。私が西宮市役所に勤めていたとき、水害が出た地域に泥だしのボランティアに行ったことがあるのですが、私たちの到着よりも早く、共産党の議員が来ていました。震災や災害などがあると、共産党は最も早く現地入りします。そして一軒一軒、被災した家を訪ねて歩き、「何か困ったことないですか。困ったことがあったらこちらまで電話をください」とチラシを配るのです。彼らは長靴を履いて泥だしをするわけではなく、人の不幸につけ込んで政治活動をやっているだけですが、被災者からすると悪い気はしないでしょう。だから、騙されてしまう人が後を絶たないのです。被災地をかき乱す左派の活動を明らかにして食い止めなければなりません。

左派の最後の砦

2016年9月30日、東京・永田町の参議院議員会館で行われた院内集会「『日韓合意』後も賠償は可能！――被害者の賠償請求権は今も消滅していない！――」に潜入してきました。主催は「『慰安婦』問題解決オール連帯ネットワーク」です。

会場に着いた私は受付で参加費500円を支払い、資料を受け取りました。このとき、私は白いスーツ姿で、胸にはブルーリボンバッジを付けていたため、会場では明らかに浮いていました。受付では「議員さんですか？」「秘書さんですか？」としつこく聞かれましたが「いいえ、違います」と否定して会場に入りました。

参加者は60人から70人程度で、男女の比率はほぼ同じでした。

集会が始まると、まずは女性司会者の挨拶があり、続いて院内集会のために議員会館内の会議室を手配した参議院議員の紙智子氏（日本共産党）が短くスピーチをしました。議員の参加は紙氏だけでしたが、衆議院議員の池内沙織氏や赤嶺政賢氏など、共産党議員の秘書も参加していました。

マイクは再び司会者に戻り、16年6月30日に外務省との間で行った交渉の報告を始めました。交渉した部署や担当者の名前は明かしませんでしたが、「日韓合意後も被害者の個人賠償請求権は消滅していない」という説明を受けたと話していました。その上で、「日韓合意で『最終的かつ不可逆的な解決』という安倍政権の意思を覆すにはどうすればよいのか」について、2名の弁護士が講演を行いました。

最初に話をしたのは川上詩朗氏です。川上氏は15年に成立した安保法制の反対するデモに参加するなど、左派的な活動を続けている弁護士です。講演会では、「日韓合意と『慰安婦』問題解決のための展望」として、外務省の回答とは関係なく、個人の賠償請求権は消滅していないと主張し、その根拠として以下の4点を挙げました。

①この問題が解決したかどうかを決めるのは、国家ではなく個人。なぜなら慰安婦問題は政治問題ではなく人権問題だからだ。

②1965年に韓国と締結した「財産及び請求権に関する問題の解決並びに経済協力に関する日本国と大韓民国との間の協定」とその実施に伴う「財産及び請求権に関する問題の解決並びに経済協力に関する日本国と大韓民国との間の協定第二条の実施に伴

う大韓民国等の財産権に対する措置に関する法律」の条文を紹介。前者の第二条には「両締約国及びその国民（法人を含む）の財産、権利及び利益並びに両締約国及びその国民の間の請求権に関する問題」とあるが、後者には「財産、権利及び利益に該当するものは（中略）昭和四十年六月二十二日において消滅したものとする」とある。「国民間の請求権」という言葉は後者にはない。よって消滅していない。

③国会答弁においては、1991年8月27日参議院予算委員会での日韓請求権協定に関する質問において、政府として「国家として持っている外交保護権を相互に放棄したということでございます。いわゆる個人の請求権そのものを国内法的な意味で消滅させたというものではございません」と答弁している。また、92年2月26日の衆議院外務委員会において政府は、「国内法によって消滅させていない請求権はしからば何かということになりますが、それはその個人が請求を提起する権利と言ってもいいと思います」と、裁判所に訴える権利も認めている。

④シベリア抑留訴訟における国側の主張として、日本政府は「日ソ共同宣言六項二文により我が国が放棄した請求権は、我が国自身の有していた請求権及び外交的保護権であり、日本国民が個人として有する請求権を放棄したものではない」としている。こ

れは、請求する側が日本、される側がソ連だが、慰安婦問題に置き換えて、請求する側が韓国、される側が日本となっても同様に成立する。

上記の4点は、重箱の隅をつつくような見解ばかりですが、これだけ根拠を並べられると、単に「国家間合意の意味が分からない左翼」で片づけるのは難しいと感じました。反論するには、法律の専門家のようにしっかり根拠を示すべきだし、国会などの答弁も見ていく必要があります。

次に弁護士の大森典子氏が「『河野談話』と日韓合意」をテーマに話をしました。大森氏は「吉見義明裁判」を担当しています。この裁判は、中央大教授であり慰安婦研究者の吉見義明氏の著書『従軍慰安婦』（1995年、岩波書店）について、前衆議院議員の桜内文城氏が「同書の『慰安婦は性奴隷だ』という記述は捏造だと明らかになっている」という主旨の発言をされたことから始まりました。吉見氏は、自著を捏造とされ名誉を毀損されたとして、約1200万円の損害賠償を求めて訴訟を起こしたのです。ちなみに16年1月には東京地裁、12月には東京高裁が吉見氏の訴えを棄却しました。

大森氏は集会で以下の話をしました。

①河野談話を我々の活動の拠り所にし、今後、進化・発展させていかなければならない。
②日韓合意で解決したと言われても河野談話で反論できる。河野談話がある限り、日本は謝り続けなければいけない。
③河野談話に則り、中学校をはじめとする学校教育でもこの問題を教えていかなければいけない。中学校の歴史教科書に慰安婦問題の記述を復活させる。
④吉見義明裁判における桜内氏の供述は支離滅裂でひどいものだった。許すことはできない。

川上氏と大森氏の話が終わると質疑応答の時間となり、両氏は来場者の質問に答えました。質問内容も、それに対する回答も、私の考えとは真逆のものばかりでした。中でも印象的だったのは、川上氏の「賠償金の支払いと謝罪をもってしないと解決とはいえない」「日本政府はお金を支払ったが謝っていない」という主旨の発言でした。

私も大森氏に三つの質問をしました。私の質問と大森氏の回答の概要は以下の通りです。

質問①　河野談話を我々の活動の拠り所にすると言われたが、安倍政権が終わり、他の首相になった際、談話が破棄されたり、見直されたり、新しい官房長官談話が出る可能性もあるが、そのときはどうするのか？

回答　あの安倍政権すら引っ繰り返せなかった河野談話を破棄するような政権が出てくるということを私は考えたくない。この談話は代々の日本政府が国際社会に約束を繰り返してきたものである。簡単には破棄できない。

質問②　大森氏の資料の中に「（慰安婦は）日本人を除けば、大多数は朝鮮半島出身だった」とあるが、日本人慰安婦の請求権はどうなるのか？　あなた方は日本人慰安婦の支援をどう考えているのか？

回答　日本人慰安婦は大きな問題。調査も行われていない。声を出していない人を見つけ出して、救済していかなければいけない。

質問③　国会質疑において、当時の石原信雄官房副長官が、強制連行を示す証拠がなかったので、裏づけのない元慰安婦の証言だけで談話を作成したという主旨の発言を

杉田水脈（すぎた・みお）

昭和42年4月生まれ。鳥取大農学部林学科卒。兵庫県西宮市役所勤務などを経て、平成24年に日本維新の会公認で衆院選に出馬し、初当選。平成26年に落選後は、国際社会での日本の汚名をそそぐために活動を続けている。好きな言葉は「過去と人は変えられない。自分と未来は変えられる」。著書に『なでしこ復活』（青林堂）、河添恵子氏との共著『「歴史戦」はオンナの闘い』（PHP研究所）、倉山満氏との共著『日本人が誇るべき《日本の近現代史》』（ヒカルランド）、『みんなで学ぼう日本の軍閥』（青林堂）がある。

慰安婦像を世界中に建てる日本人たち
西早稲田発→国連経由→世界

平成 29 年 3 月 7 日　第 1 刷発行
令和 7 年 2 月 20 日　第 3 刷発行

著　者　杉田水脈
発行者　赤堀正卓
発行所　株式会社産経新聞出版
〒100-8077 東京都千代田区大手町 1-7-2 産経新聞社 8 階
電話　03-3242-9930　FAX　03-3243-0573
発　売　日本工業新聞社
電話　03-3243-0571（書籍営業）
印刷・製本　株式会社シナノ

ISBN978-4-8191-1300-7　C0095

したが、一般の裁判において「裏づけのない証言」は証拠としての能力はあるのか？

回答　裁判においては裏づけのない証言の方が多い。また、裏付けがないから証拠能力がないということはない。

質問している間、私には厳しい視線が集まりました。

会場で配られていたチラシは、第1章で触れた「女たちの戦争と平和資料館」（wam）で渡されたものと同じチラシでした。『「日韓合意」後も賠償は可能！』と考えて活動している団体と、ユネスコの世界記憶遺産に慰安婦の資料の登録を目論んでいる団体が繋がっていることが分かりました。

15年12月に日韓合意がなされ、日本政府が10億円を韓国政府に支払ったことで、左派勢力はかなり焦っています。残る最後の砦が「河野談話」だというわけです。

一時は見直しの一歩手前までいった河野談話ですが、彼らはこの談話がある限り、慰安婦問題は終わらないと主張しています。私たちが河野談話の破棄に追い込まなければ、戦いは永遠に終わらないと改めて感じました。